सकारात्मक सोच, आशावाद की शक्ति

बेहतर जीवन के लिए अपने आप में विश्वास

गौतम शर्मा

I0407115

तत्व

"मन सब कुछ है। क्या हम सोचते हैं कि हम क्या कर रहे हैं और हम क्या हो"

गौतम बुद्ध की शिक्षाओं से (प्रबुद्ध)

समर्पण:

दुनिया भर में प्यारे दोस्तों,
इस पुस्तक में मेरी पत्नी शबनम शर्मा जनिके प्यार, आशावाद, दया, ऊर्जा और समर्थन बनाता है मुझे और हमारे परिवार वकिरिणपूर्वक हमारे तत्काल और विस्तारित परिवार और महाद्वीपों में स्थति दोस्तों को fulfiled. Thanks for diverse और खुशहाल अनुभवों कई वर्षों से साझा करने के लिए समर्पति है। ब्रह्मांड अच्छाई प्रदान करता है और इस मूल्यवान पाठकों के साथ साझा करने के लिए है, कि आप इस किताब के लिए कारण हैं। अधिकारिता सीरीज लेकिन मुझे लेकिन के बारे में आप सब के बारे में नहीं है। जैसा कि हम सभी को गले लगाने के आशावाद और सशक्तकिरण की दिशा में कदम और इसलिए पनपने जीवन के हर्षति यात्रा पर शामिल होने के लिए आप पाठकों को धन्यवाद।

मित्र, सहायक लोग हैं, जो सामाजिक और पेशेवर नेटवर्किंग मीडिया और प्लेटफॉर्म के माध्यम से प्रतिक्रिया और योगदान को भेजने रखने की बढ़ती संख्या के लिए धन्यवाद।

बहुतायत लिए जगत के लिए आभार के साथ।

के लिए प्रशंसा

सकारात्मक सोच, आशावाद की शक्ति

बेहतर जीवन के लिए अपने आप में विश्वास

* इस किताब संभावित परिवर्तनकारी है! अत्यधिक सभी के लिए सिफारिश की है।

विन्नी एम, मेलबोर्न

* एक प्रेरित, आसान पुस्तक है कि हम सभी की सराहना करेंगे पढ़ने के लिए। यहाँ एक बुद्धिमान आदमी है जो सदियों पुराने सार्वभौमिक कानून और आधुनिक शोध निष्कर्षों का एक आसुत संस्करण लिखी गई है। आप बहुत ही सकारात्मक वाइब्स दे देंगे और निश्चित रूप से आप आत्मविश्वास चुनौतीपूर्ण स्थितियों से मिलने के लिए देना होगा! वर्थ दूर सही पढ़ रहे हैं।

हर्बर्ट डी

* सकारात्मक सोच और सकारात्मकता केवल रवैया हमें खुश और जा रहा रखता है। गौतम शर्मा ने जिसे उपयुक्त इस सच्चाई में विश्वास करने के लिए हमें चलाया गया है। एक बहुत जानकारीपूर्ण, किताब पढ़ना चाहिए।
डीजी

समीक्षा जारी रखा:

* मैं हम सब के साथ सकारात्मक सोच के ज्ञान को साझा करने के लिए गौतम शर्मा को बधाई चाहिए। मैं वास्तव में पसंद है जब वह कहते हैं, "अपने विचारों को अपने दुनिया को आकार और कहा कि आशावाद खुशी के लिए सबसे महत्वपूर्ण है। इसके अलावा, आशावाद "सर्वोच्च आदत / सभी सफल लोगों के कौशल है। राष्ट्रीय नेतृत्व दरों पर तथ्य यह है गैलप सर्वेक्षण में ढेर "के शीर्ष के रूप में की उम्मीद है। ओबामा इस

वादे पर राष्ट्रपति बन गया!

के.टी.

* क्या जीवन का एक महत्वपूर्ण पहलू सब पर अपना दृष्टिकोण स्पष्ट करने के लिए इस पुस्तक के रूप में, एक बढ़िया तरीका है।
SOCongratulations और बधाई देने गौतम शर्मा बहुत ज्यादा है।

* सशक्तिकरण और कैसे यह हमारे कार्यों गाइड पर बेहतरीन किताब। कुल मिलाकर एक पांच सितारा।

* "आप लगातार कल के बारे में चिंता? आप अपने जीवन से तनाव को खत्म करने के लिए? इन सवालों के जवाब इस किताब byGautam शर्मा पढ़ सकते हैं और अपने life..Beautifully लिखा आनंद लेने के लिए शुरू हो रहे हैं" .. शीनाएम

* इस असाधारण पुस्तक में लेखक सकारात्मक सोच की शक्ति और कैसे हम जीवन की यात्रा के परिणामों को आकार देने का एक अवसर है में ताजा अंतर्दृष्टि प्रदान करता है। अपने व्यक्तिगत अनुभव के आधार पर, लेखक विविधि स्रोतों से प्रेरणा खींचा और अपने पाठकों के लिए ठोस कार्रवाई मुश्किलों को दूर करने और व्यक्तिगत रचनात्मकता की पूरी क्षमता का एहसास करने के लिए बाहर रखी है, किया गया है। एक अमूल्य पढ़ें!

N..B।

लेखक के बारे में

सकारात्मक सोच मेंटर और लेखक गौतम शर्मा (एक बुद्धिमान, नपिुण, सक्षम, अच्छी तरह से अनुभवी पेशेवर) एशयिा, यूरोप, अफ्रीका में रहता है और अब संयुक्त राज्य अमेरकिा में रहने वाले का एहसास है और आशावाद की शक्ति दार्शनकि के माध्यम से मानव व्यवहार और मानव क्षमता में अंतर्दृष्टि साझा है edifies, बंटवारे सद्धि शोध नष्किर्षों की दृष्टि से और दुनयिा भर में लोगों को सशक्त बनाने के लिए मनोवैज्ञानकि दृष्टकिोण। लेखक स्वयं सहायता, प्रेरक वषियों पर अधकिारति शृंखला प्रकाशति करने के लिए व्यावसायकिता, ववििध अनुभवों, रचनात्मकता के बारे में उनकी ताकत और संचार के कौशल का उपयोग करने की योजना बना रही है। धन्यवाद आप अपने समर्थन और अपने अनुकूल प्रतक्रियिा के लिए पाठकों के लिए बहुमूल्य है। सकारात्मक सोच की बहुतायत आप बधाई के रूप में आप बेहतर जीने के लिए अपने आप में वश्विास करने

सकारात्मक सोच, आशावाद की शक्ति   Gautam Sharma

के लिए जारी है।

अस्वीकरण: लेखक सूचना और शिक्षा के उद्देश्यों और सलाह और यहाँ दी गई सिफारिशों के लिए अपने विचारों और दर्शन साझा है किसी भी चिकित्सा या मानसिक स्थितियों के लिए इलाज के लिए नहीं कर रहे हैं। आप अपनी विशिष्ट स्थिति और जरूरतों के आधार पर उपचार के लिए प्रमाणित चिकित्सा चिकित्सकों के परामर्श के लिए पूरी तरह जिम्मेदार हैं।

सकारात्मक सोच, आशावाद की शक्ति Gautam

अंतर्वस्तु

परिचय
Chapter1 सकारात्मक एक आदत के रूप में सोच रही है।
.Chapter2 अपनाने आशावाद की शक्ति।
Chapter3, खुद को और दूसरों को सशक्त।
अध्याय 4. अपने आप में विश्वास सभी अच्छाई के लिए T
Chapter5.Conceive, विश्वास करते हैं और प्राप्त करने
जीवन के लिए Chapter6 सुधार।
अध्याय 7 शांति और स्थिरिता
बेहतर जीवन के लिए अध्याय 8 दैनिक व्यवहार
अध्याय 9 नेटवर्किंग उपयोगी ऑनलाइन संसाधनों

सकारात्मक सोच, आशावाद की शक्ति   Gautam Sharma

परिचिय

ए। "सर्वश्रेष्ठ की उम्मीद है और ब्रह्मांड अपने लक्ष्यों, सपनों और इच्छाओं को अमल में लाना होगा" (शास्त्र से)
ख। "आशावाद, आशा, विश्वास प्रकट चमत्कार कर सकते हैं" (वेदों से अनुवाद)
के रूप में जल्दी ग्रंथों और वेदों के रूप में हाल ही में 2015 के अध्ययन के लिए, दुनिया भर में शीर्ष संस्थानों, निष्कर्ष और लेखन पर शोध इस बात की पुष्टि सार्वभौमिक सत्य कभी लगातार बना रहता है "अपने विचारों को अपनी दुनिया को आकार और कहा कि आशावाद खुशी के लिए सबसे महत्वपूर्ण है। इसके अलावा, आशावाद सर्वोच्च आदत / सभी सफल लोगों के कौशल है।

इस पुस्तक के सदियों पुराने सार्वभौमिक कानून के साथ-साथ जीवन में सुधार लाने के लिए आधुनिक

अनुसंधान के निष्कर्षों के आधार पर लिखा गया है। तुम अपने आप में विश्वास करने शुरू करने और अपने आत्मविश्वास और आत्म -esteem पाने और इस तरह अपने लक्ष्यों को प्राप्त कर सकते हैं। इन आसान चरणों में कई बार अभ्यास हर दिन:

ए ट्रस्ट यूनिवर्स: आप ईश्वरीय निर्माण का हिस्सा हैं, आप जीवन के लिए एक शानदार अभिव्यक्ति कर रहे हैं। गले लगाओ और दिव्यता के साथ अपनी एकता स्वीकार करते हैं और दिन के दौरान जागरण पर अपने विचारों में और शब्दों में यह दोहराना है, और सिर्फ सोने के लिए जाने से पहले: मैं देवत्व और दिव्य जीवन का एक शानदार अभिव्यक्ति के साथ एक हूँ। मैं सुरक्षित और अच्छी तरह से हर समय हर संभव तरीके से करने के लिए होती हूँ।

बी सकारात्मक पर ध्यान केंद्रित रखने, क्योंकि जो कुछ भी आप पर ध्यान केंद्रित तो तुम कौन हो की सकारात्मक और जो तुम्हारे पास है पर विस्तार फैलता है। धन्यवाद करो और तथ्य यह है कि आप जीवित हैं, आप साँस लेने के लिए पर्याप्त हवा है और आप के बाद से सांस ले सकते हैं, आप प्रकृति और गुलाब के फूल की ताजगी गंध कर सकते हैं कि के लिए

आभारी होना। तथ्य यह है के लिए आभारी होना है कि सूर्य और अन्य तत्वों मानव, अन्य रहते रूपों रखने के लिए और वनस्पति alive.Everybody बहुत सी बातें शायद दर्जनों या भी सैकड़ों, के बारे में आभारी होना चाहिए। धन्यवाद दे रही है और आभारी होने के नाते आप अपने आप को खोल रहे हैं और अधिक अच्छाई प्राप्त करने के लिए।

वहाँ ब्रह्मांड में इतना बहुतायत और अधिक आप बहुतायत और अच्छाई पर ध्यान केन्द्रित करना, और आप प्राप्त करेंगे। "गर्भ धारण, विश्वास करते हैं और लक्ष्य को हासिल" नहीं एक मात्र नारा, इसे जदि आने के लिए ऊर्जा के कंपन को लाने के लिए आधार है और बन भौतिक चीज़ों प्रजापति मनुष्य के लिए और अनंत काल के लिए सृजन की सुबह से सभी जीवित प्राणियों के लिए इस कानून के आकार का है।

हमारे विचार प्रक्रिया लगातार विकसित हो जीवन बनाने के लिए आवश्यक है। हमारे विचार पूरी तरह से अपने अनुभवों को और हमारे जीवन में भौतिक चीज़ों को आकार देते हैं।

हमारा जीवन कैसे हम उन्हें अपने वचिारों के साथ आकार रहे हैं। हमारे वचिार और वशि्वास प्रणालयिों के ववििधि पृष्ठभूमसि से, हम हम कौन हैं का तरीका है और सब है कि हम में सब कुछ बना सकते हैं। एक सा आकर्षक और कुछ हद तक जादुई नहीं करता है [यह टी लगती है? लेकनि यह है कयिह कैसे काम करता है: बस सकारात्मक परणिामों के समय की सबसे की सोच से, हम उन्हें हमारे लएि प्रकट करने के लएि मलिता है। यह तार्ककि हमारे जीवन के परणिामों को नर्दिेशति करने के लएि, हम अपने आवर्ती और प्रमुख मानसकि बकवास की प्रकृति को नयिंत्रति करने के लएि सीखने के लएि कयिा है। यह सब ध्यान केंद्रति करने और नयिमति अभ्यास है कि हम अपने जीवन में केवल सकारात्मक घटनाओं आकर्षति करने के लएि जारी रख सकते हैं की एक नष्पिक्ष राशि के साथ प्राप्त है; सब हम क्या इरादा है और बेहतर जीवन का अनुभव करने के लएि। सकारात्मक सोच की शक्ति आप सब कुछ प्राप्त करने के लएि एक बार आप सच्चाई यह है कि अपने वचिारों को अभी और भवषि्य में अपने reality.- बनाने को स्वीकार कर सकते हैं। बहुत व्यावहारकि तरीके और उत्साहजनक

संदर्भ में, हम पूरी तरह से हर समय अपनी वास्तवकिताओं का सच रचनाकारों, कर रहे हैं और सभी परस्थितियों में हम खुद अपने वचिारों, वश्विासों और भावनाओं के साथ अपने जीवन को आकार। पहली नज़र में यह तर्क शायद, झूठी अप्रासंगकि या नराधार लग सकता है क्योंक कुछ तुरन्त घटनाओं है क अपने नयिंत्रण से बाहर प्रतीत होता है थे करने के लिए बात कर सकते हैं: अपने जन्म परस्थितियों, कुछ बीमारयिों, कुछ दुर्घटनाओं, अपने दुश्मनों को, और उस तूफान या तूफान है क इतने सारे मार डाला। कोई भी खुद के लिए कहते हैं, क्योंक: ऐसा नहीं है क मैं कभी कभी नुकसान पहुंचाया हो गड़बड़ या धोखा ठीक है "।

अपने जीवन में हर घटना, वस्तिार और इसलिए सभी घटनाओं: तो ज्यादातर अवचेतन में परशिुद्धता के साथ सार्वभौमकि सत्य .: की कोर करने के लिए मलिता है संचयी वश्विास है क एक बार थे अवचेतन -आप उन सब को बनाया के साथ जन्म से पहले के

स्तर से शुरू लंबी और उसके बाद।

जन्म से पहले हम रास्ते को चुना है; जीवन के दौरान हम गलयिों चुनें। एक पूरी तरह कार्यात्मक, स्वस्थ शरीर, धमनयिों के लाखों लोगों की

योग करने के लिए, अपने mentalpatterns सही मायने में अपने जीवन निश्चित हैं: आनुवंशिकी, वंश, महाद्वीप त्वचा फार्म, शरीर के आकार और इतने पर की तरह के रूप में अच्छी तरह से विशिष्ट परविार अंगारे, एक गंभीर झटका, एक अप्रत्याशति लाभ विरासत या नए पाया भाग्य जैसे कुछ पूर्वनर्धारित मील के पत्थर। तब आप अपने धमनी रास्ते अपने जागने के हर पल जीवन-साथ अपनी सोच को चुनें। सीधे शब्दों में कहें, अपने विचारों जमा और बनने के प्रबल विश्वासों, मजबूत लोगों अवचेतन स्तर पर काम और जीवन विकल्प में अपने अगले अनुक्रम को प्रभावति। इसमें आश्चर्य नहीं है जब कुछ भी अप्रयि होता है, हमें लगता है कि हम एक बुरा सौदा मलि है।

हमें समझते हैं कि हम उच्चतम चेतना के greatUniversalmagnificence.Weare भाव का एक अभिन्न हिस्सा हैं और हम अपने कई बार महानता

भूल जाते हैं हमारे सपनों और इच्छाओं को हमारे विचार शक्ति देवत्व के अभ्यस्त होने के साथ वास्तविकता बन सकता है मुख्य रूप से है। इससे पहले हम इस सच्चाई का एहसास है और हमारे विचारों के प्रति सचेत नियंत्रण लेने के पहले हम अपनी स्वतंत्रता की घोषणा और रहने वाले लोगों की जान को पूरा शुरू

कार्रवाई के लिए कॉल का जवाब है, खुशी के रहने वाले के प्रति मात्र अस्तित्व से दूर ले जाते हैं।

विश्वास है कि हर किसी को देवत्व का हिस्सा है और सचमुच शानदार है शुरू करो।, परम स्रोत-theSuper चेतना "ये 3,000 से अधिक वर्षों के लिए अध्यात्म में मूल्यों साबित कर रहे हैं और जारी रहेगा साथ youare एक मानवता के उत्थान के लिए वैध रहेगा।

सच तो यह है कि ऊपर आधुनिक विज्ञान और तत्वमीमांसा .Modern वैज्ञानिकों के कानूनों तारीफ, के बारे में ब्रह्मांड के मूल इमारत ब्लॉकों अन्य कानूनों की खोज कर रहे शोध। यहाँ एक है: दोनों की उपस्थिति और subatomic कणों के व्यवहार क्या वैज्ञानिक के दिमाग में चल रहा है पर निर्भर करते हैं "।

"यह एक सा काल्पनकि बनाने लग सकता है, लेकनि वास्तव में मानना है कि वैज्ञानकि रूप से सही है और कई बार दोहराया गया है। नहितिार्थ चौंकाने वाली हैं। जैसा कि एक वशिषज्ञ वज्ञिान शोधकर्ता इसे रखा," भौतकिवदिों इन दनिों अप्रयुक्त सीमाओं को उजागर कर रहे हैं। "

परम्परागत वज्ञिान मानता है कि चेतना भौतकि वस्तुओं से उठता है। मीमांसा कहा गया है कि रविर्स भी सच है, कुछ है जो एशयिाई हदि्रू मास्टर्स 3000 साल के लएि जाना जाता है। कोई आश्चर्य नहीं कि बुद्ध (प्रबुद्ध) इस तरह से रख: "सब है कि हिम कर रहे हैं कि हिम क्या सोचा है का परणिाम है। मन सब कुछ है। क्या हम सोचते हैं कि हिम क्या हम कर रहे हैं और क्या हो रहा है। पूरी दुनयिा हमारे वचिारों के प्रक्षेपण है "

हमारा वशि्वास प्रणाली के रूप में रहस्यमय यह जटलि है, जैसा है। हम के बारे में बात करते हैं और वशि्वासों जो कई मान्यताओं, जनिमें से कुछ हमारे अवचेतन का हसि्सा हैं से जन्म के बाद से अमेरकिा में बैठ कर दयिा गया है और जीने का एक सेट के माध्यम से अपने आप को व्यक्त करते हैं। समस्याएँ। आप

वशि्वास है कि आप अपने संकायों खो देंगे के रूप में आप उम्र के हैं, तो आप अपने आप पर जल्दी उम्र बढ़ने के बारे में लाने के लिए।

मेरी शर्त है कि लगभग हर समुदाय और उनके वशि्वास प्रणाली में तर्कहीन तत्वों का समूह होगा। (यदि यिह कुछ भी तर्कहीन एक और सवाल है)

उदाहरण है कि मन में आते हैं, अगर मैं लगभग हर सवाल का जवाब पढ़ने के लिए हल कर सकते हैं चलो देखते हैं।

सॉफ्टवेयर, जो अधिकारियों को लगता है कि झरना वकिास के तरीकों कभी कभी महत्वपूर्ण नवाचारों का उत्पादन कर सकते लगते हैं।

मतदाताओं को जो मानते हैं कि उनके अलग-अलग मतों के राष्ट्रपति चुनाव में एक अंतर बना दयिा

माता पिता, जो मानते हैं कि उनके बच्चे को अद्वितीय और खास है

निवेशक, वे कहते हैं, कैलेंडर बाजार कर सकते हैं या दैनिक लेनदेन के माध्यम से औसत प्रदर्शन के

पार

कई बुद्धिमान नबियों और सफल लोगों को इस तथ्य को वाणी "क्या आप मानते हैं कि आप कर सकते हैं, या बजाय आपको लगता है तुम नहीं, किसी भी तरह, आप बिल्कुल सही कह रहे हैं।" यूनिवर्स कहते हैं और

अमेरिकी लोककथाओं में Mohicans 'अमेरिकी मूल जनजाति के बीच में एक छोटा लेकिन सार्थक कहानी है:

एक दादा और उनके पोते एक शांत, मौन की रात को एक कैम्प द्वारा बैठे हैं, लिपटे गर्म कपड़ों में और उछाल आग की लपटों में विदिया। चट्टानी ताक पर उच्च, एक अनधिकृत menacingly और जोर से रोता है और एक अन्य अनधिकृत एक दूरी से प्रतिक्रिया करता है। कुछ मिनिट बाद, बूढ़े आदमी उसके पाइप पर कश के बीच विराम देता है और कहता है:

पोता: यहां हर किसी के अंदर दो Wildcats हैं। एक अच्छा है और अन्य बुरा है।

कौन वे ग्रैंड पति‍ा कर रहे हैं? रुचि रखते हैं, उत्सुक लड़का पूछता है।

वे एक दूसरे से लड़ रहे हैं ,? पुराने, बुद्धमिान आदमी कहते हैं।

लड़का इस समझता है, तो पूछते हैं, क्यों वे अच्छे और बुरे हैं ??

अच्छा एक अपने प्यार, अपने शांति और अपनी सच्चाई है। बुरा एक अपने डर, अपने गुस्से और अपनी बुरी आदतों है

आग crackles और स्पार्क्स चारों ओर भड़कना। रजि पर अनधकि‍ृत फरि रोता और दादा उसके पाइप पर खुशी घमण्ड उत्पन्न।

अंत में, लड़का पूछता है: कौन, जीतेगा दादा?

खैर, बूढ़े आदमी, एक बार फरि पाइप हटाने कहते हैं। एक है कि जीतता है एक तुम में भाग लेने के लिए है। आप में अच्छा करने के लिए भाग लेने। स्रोत से कनेक्ट और आप के लिए प्रदान किया जाएगा।

तुम क्या हो तुम सबसे के बारे में सोच। क्या आपको लगता है तुम, तुम क्या लगता है कि आप के आसपास बनाता है इस प्रकार है।

अगर आप सोच रहे हैं, तो शायद: अगर हम क्या हम पर ध्यान केंद्रति करने के लिए मलिता है, यही कारण है कि हम क्या हम नहीं चाहते का इतना मलिता है? इसका कारण यह है कि हम अक्सर हम क्या नहीं करना चाहते हैं पर सबसे प्रति अत्यंत ध्यान देते हैं, और हमारे व्यक्तगित ब्रह्मांड हमेशा हमारी सबसे बड़ी passions.Be बहुत ही सटीक और आप क्या चाहते हैं के बारे में वशिष अनुदान और आप क्या न चाहते पर वचिार नहीं रखा है। डबल नकारात्मक न काम। इसलिए छोड़ "मैं न कोई अधकि बीमार होना चाहता हूँ", क्योंकि मोटे तौर पर शब्द बीमार चपिक जाती है, इस लिए आदर्श बयान या सोचा होगा "मैं वकिरिणपूर्वक स्वस्थ यहीं है और अब और हमेशा के लिए कर रहा हूँ और दूसरों की मदद कर सकते हैं क्योंकि मैं सही अधकिारी स्वास्थ्य और शक्ति। आप मौजूदा नौकरी या पेशा ही है कि आप में, कैसे आप अपने भयानक कार्यस्थल से दूर हो सकता है के वचिारों से स्पष्ट चलाने रहे हैं withyour नाखुश हैं।

इसके बजाय एक खुश कार्यस्थल, एक उत्पादक काम है जसिके लिए आपको संतुष्टि देता है और कल्पना आप पारश्रिमकि और मान्यता के पुरस्कार हो जाता है। आप यहाँ अभव्यिक्ति-विचािर प्रक्रयिा की सबसे जोरदार नकारात्मक स्तर पर है। यह सोच कर आप अपने जीवन के नर्िमाता नहीं कर रहे हैं, लेकनि हालात अपने आप को, हो सकता है कि आकाश के अलावा सब कुछ पर अपनी हालत को दोष देने की शकािर यहां तक कि अपने पूर्वजों परवािर, भाग्य जन्म, माता-पतिा, देश, मंदी, दुर्घटना, बीमारी या नेताओं। यह हमेशा मुश्कलि स्वाभावकि असमर्थ हो गया है। आप कर रहे हैं। आप एक शकािर होते हैं और जीवन एक पीड़ा है ..... आप इस व्यक्ति हैं?

शायद बेहतर और अगले स्तर पर सकारात्मक, और अधकि वकिसति: आप कभी कभी yourown जीवन के नर्िमाता हैं। तुम कुछ घटनाओं को प्रभावति कर सकते हैं, लेकनि ज्यादातर, बाहरी ताकतों से लड़ने के लिए भी मजबूत कर रहे हैं। तुम अपने आप के अलावा अन्य कुछ पर अपनी हालत के सबसे दोषी ठहराते हैं। तुम क्या आप के लिए होता है के लिए कुछ जम्मिेदारी ले। आप कुछ मूल्य कुछ संभावति है। जीवन में कुछ डाला

के साथ एक संघर्ष है ..... आप इस तरह कर रहे हैं?
अन्यथा, चलो यह उच्च ले जाने: आप काफी हद तक
अपने जीवन के निर्माता हैं। तुम सबसे अधिक घटनाओं
को प्रभावित कर सकते हैं, हालांकि कभी कभी बाहरी
ताकतों भी महान हैं। आप अपने कार्यों के अधिकांश के
लिए जिम्मेदारी ले। आप दर्दनाक घटनाओं के लिए
थोड़ा समय दूसरों को दोष देने के खर्च करते हैं। आप
दोष के साथ एक महत्वपूर्ण व्यक्ति हैं। आप की
क्षमता का एक बहुत कुछ है। जीवन एक दिलचस्प
और मनोरंजक अक्सर चुनौती है। आप इस के करीब
हैं?

अब उच्चतम: विकसित स्तर के उच्च स्तर पर जहां
विश्वास है कि आप पूरी तरह से अपने जीवन के
निर्माता हैं। आप कई कारनामों और तुम्हारा सहित
कई वास्तविकताओं, है कि चेतना के महान क्षेत्र का
हिस्सा हैं। आप आप के रूप में अपनी धरती चरित्र
नहीं दिख रहा है, लेकिन एक आध्यात्मिक जा रहा है
एक विकसित मनुष्य के रूप में अग्रणी के रूप में। अपने
हर विचार, दृष्टिकोण और कार्रवाई अपने कर रही है
आप पूरी तरह से जिम्मेदार है, अपनी कृतियों के लिए
नहीं बल्कि अपनी कृतियों के लिए आपकी प्रतिक्रिया

के लिए ही नहीं कर रहे हैं। आप को दोष कभी नहीं या अपने अनुभवों के लिए न्यायाधीश दूसरों। अपने नहिति मूल्य और मूल्य हर रोज बढ़ रही हैं। आपका जीवन एक चकिनी मार्ग पर एक अद्भुत, हर्षति साहसकि सभी के साथ है, कुछ चढ़ाव लेकनि ज्यादातर अप के साथ।

आप इस स्तर पर हैं? ये जो भी अभवि्यक्त-वशि्वास के मानक आप ही आप की स्थति है कि आप सही साबति होगा पैदा करेगा वशि्वास के मानकों हैं। क्या आप मानते हैं कि आप के लिए और अपने चारों ओर हो रहा रखेंगे।

मन चमत्कार सद्धि सार्वभौमकि सत्य प्रकट होता है। वशि्वास करते हैं और बहुतायत में आशावाद, खुशी, स्वास्थ्य, प्रेम, शांति, सद्भाव, आनंद, तृप्ति, खुद को प्यार और आत्म मूल्य और अनुभव को स्वीकार इन सभी का एक बार जब आप तो अपने जीवन को सशक्त बनाने के लिए तय है। बढ़ रहा है, मैं अपने माता पति, जो कई बच्चों सुनने को मलिता ने चेताया था:। "सारी दुनयि तुम्हारे इर्द-गर्दि घूमती है, तो के रूप में व्यवहार नहीं करते" वास्तव में, यह करता है या नहीं बल्कि, मेरी दुनयि है और इसलिए तुम्हारा है

सचमुच।।। । क्वांटम भौतिकी की खोज के लिए शुरुआत है, वहाँ ऊर्जा दुनिया की एक अनंत संख्या में हैं। आपका चेतना अनुभव आप के चारों ओर घूमना, सब है कि आप जानते हैं और अनुभव और अपने शरीर और मन में खरब से अधिक कोशिकाओं का निर्माण। आप एक में आकाशीय शरीर हैं अपने निर्माण की ऊर्जा बुलबुला। इस तरह के ऊर्जा क्षेत्र दूसरों की ऊर्जा क्षेत्रों के साथ सूचना का आदान प्रदान। हर दिशा आप अपने शरीर, मन और आभा के साथ में सिर, आप की घटनाओं और अपने अनुभवों का ब्यौरा बनाने के लिए।

अध्याय एक

अब खत्म कई दशकों से, कई आध्यात्मकि परासनातक, जीवन कोच और प्रमाणति चकित्सिकों के लिए पौष्टकि और कायाकल्प हमारे मन, शरीर और आत्मा के लिए जाने वाली सकारात्मक affirmations की शक्ति का एहसास हो गया है। सरल शब्दों में, यह लगातार सोच के माध्यम से और उन्हें अभी यहां का सामना कर रहा है और इस तरह के सभी अच्छाई के लिए आभारी होने का बहुत वशिष्ट मामले में सकारात्मक इरादे और कल्याण, सुख, आत्म सम्मान और बहुतायत के affirmations बोलने का ingraining की प्रथा है।

"स्वास्थ्य, धन, सुख सफलता मुझे के माध्यम से सही अब बहती है और हर समय है।" यह .Repeat जितिनी बार आप दनि के दौरान और कर सकते हैं के रूप में सरि्फ सोने के लिए जाने से पहले: अपने मन नमि्नलखिति में चुपचाप दोहरा रूप में आप अपने दनि

के माध्यम से जाना रखें और जागने पर। जल्दी ही आप बेहतर मूड का सामना कर रहा है, लोगों को और जीवन में चीजों की दिशा में एक सकारात्मक रवैया रहा शुरू करते हैं और कुल मलिाकर अच्छा हर समय हो चीजों को खोजने शुरू हो जाएगा।

दुनयिा में सबसे अच्छी चीजों में से कुछ या नहीं देखा जा सकता छुआ, के रूप में उनमें से कोई भी बाहर वस्तुओं रहे हैं। हम उन लोगों के साथ पैदा हुए थे और वे हमारे भीतर मौजूद हैं। अपने भीतर की इंद्रयिों के माध्यम से और अपने दलि के साथ उन्हें मजा आता है। सबसे अच्छा और सबसे उत्तम हैं: आशावाद, खुशी, आशा, वश्विास, शांत, आभार, प्रेम, आनंद, करुणा और सद्भाव। भीतर पहुंच, इन वशिाल संसाधनों में नल और एक बेहतर जीवन जीने लगते हैं।

कह "हम बन जाते हैं क कैसे और क्या हम अपने बारे में लगता है क" न केवल हमारे व्यावहारकि अनुभवों को गले लगाती है, लेकनि इतना सब समावेशी सभी

शर्तों और हमारे जीवन की परस्थितियों हम सचमुच हम क्या सोचते हैं और कर रहे हैं के लिए बाहर तक पहुँचने के लिए के रूप में है हमारे अक्षर और जीवन पैटर्न राशि हमारे सभी विचारों की पूरी राशि के लिए। हमारे विचार हमारे शब्दों समय के साथ, हमारे शब्दों भावनाओं और धीरे धीरे लेकिन निश्चित रूप से हमारी भावनाओं को सकारात्मक या नकारात्मक व्यवहार पैटर्न के साथ प्रकट हो हो गया है।

बस के रूप में पौधों के बीज से बढ़ती है, तो हमारे सभी कार्यों सोचा था की inground बीज से खिल करते हैं, और उनके बिना दिखाई दिया है नहीं कर सका। "सहज" और "अनियोजित" के रूप में अच्छी तरह से करने के लिए उन जो जानबूझ कर क्रियान्वित कर रहे हैं यह उन कृत्यों बुलाया लिए समान रूप से लागू होता है।

प्रक्रिया सोचा था की बौर कर रहे हैं, और खुशी और दुख उनके फलों हैं

हम बीज हम संयंत्र के प्रकार के आधार पर मिठाई या कड़वा फल प्राप्त करते हैं।

के रूप में आप शरीर, मन और आत्मा में हैं "अपने मन

में विचार आप बना दिया है। सभी अब हम क्या हमारे विचार के साथ शुरू कर दिया और जब भी एक व्यक्ति के मन बुरे विचारों से किया जाता है उनकी अभिव्यक्तियों के साथ खत्म हो रहे हैं, दर्द जल्द ही एक सीधा परिणाम के रूप में इस प्रकार है

..Whenever हमने सोचा की पवित्रता स्वीकार करते हैं, आनन्द प्रकृति के किसी भी कानून हम सब हमारे विचार प्रक्रिया के माध्यम से आगे बढ़ने और हमारे अपने हालात पैदा रूप में के रूप में निश्चित रूप से इस प्रकार है। कारण और प्रभाव दिखाई और भौतिक चीज़ों की दुनिया में के रूप में के रूप में पूर्ण और सोचा की छिपी क्षेत्रों में undeviating है। मानव शरीर के कई जैविक लगभग 100 खरब कोशिकाओं के साथ बना सिस्टम का एक संयोजन के होते हैं। सभी मनुष्यों हद तक अद्वितीय है कि वहाँ किसी को वास्तव में एक ही कभी नहीं था और न ही कभी हम में से प्रत्येक और उत्पादों के संयोजन, कुछ अच्छा, कुछ मध्यम और कुछ बुरे रूप में ही किया जाएगा रहे हैं। उन्होंने यह भी उपकरण है जिसके साथ वे खुशी और शक्ति और अनुग्रह के स्वर्गीय महलों का निर्माण खुद के लिए निर्माण। सही चुनाव और सोचा की सच्ची आवेदन

करके, लोगों को दिव्य पूर्णता के लिए ascends;
दुरुपयोग और सोचा था की गलत आवेदन के द्वारा, वे
जानवरों के स्तर descendbelow। के बाद से लोगों को
अपने निर्माताओं और उस्ताद हैं इन दोनों के बीच
चरम सीमाओं, चरित्र की सभी ग्रेड रहे हैं। यह कुछ
हम सब अपने आप के भीतर कच्चे माल और उपकरण
है कि मांस और व्यक्ति को हम हो सकता है और खुद
के भीतर तंत्र हमारे सपनों का जीवन जीने के लिए है
चाहता हूँ के रूप में रक्त में खुद को नयी आकृति
प्रदान करने के लिए एक गहरा रहस्योद्घाटन के रूप
में आ सकता है।

 यह आध्यात्मिक तथ्य यह टोपी मनुष्य अपने भाग्य
के स्वामी हैं साथ ब्रह्मांड के साथ हमारी एकता की,
हमारे दिव्य शक्तियों और कौशल का एहसास करने के
लिए, कि हम अपने पात्रों को ढालना उत्थान है, और
हम करते हैं और उनकी स्थिति, पर्यावरण, और
जीवन को आकार।

सोचा के कानूनों .through, इस तरह की खोजों पूरी
तरह से आवेदन, आत्म विश्लेषण, और अनुभव की

बात कर रहे हैं।

बस के रूप में अधिक खोज और खनन करके, सोने और हीरे पाए जाते हैं, हम सब जब हम हमारी आत्मा sof खदान में गहरी खुदाई हमारे जा रहा है के साथ जुड़ा हर सच्चाई का पता लगाना और है कि हम अपने पात्रों कर पाते हैं और हमारे जीवन बना सकते हैं और इस प्रकार हमारी नियति का निर्माण कर सकते हैं। हम भी सबसे तुच्छ करने के लिए, देख नियंत्रित करने, और हमारे विचार में फेरबदल, अपने आप पर उनके प्रभाव ट्रेसिंग, हमारे चारों ओर है और हमारे जीवन और परिस्थितियों पर उन लोगों के, रोगी अभ्यास और जांच से कारण और प्रभाव को जोड़ने, और प्रकृति के हर अनुभव का उपयोग करके सुधार होगा खुद की है कि ज्ञान जो समझ है, बुद्धि शक्ति प्राप्त करने का एक साधन के रूप में, हर रोज एक घटना। इस दिशा में कोई अन्य रूप में, कानून निरपेक्ष है।

जो लोग की तलाश है, हमेशा के लिए मिल रहा है और जो उन लोगों के लिए कठिन प्रयास सफल; ईमानदारी

से प्रयास क्योंकि ध्यान, समर्पण और लगातार कर्मों सपनों के साथ पुरस्कृत कर रहे हैं और इच्छाओं को प्रकट कर रहे हैं।

दूसरा अध्याय

के लयि सदयिों से इंजीनयिरों और वैज्ञानकिों केवल बाहर खोजने मनाया जा सकता है क्या और गणना पर ध्यान केंद्रति कयिा है। वचिार यह है क विचारों की शक्ति है वैज्ञानकि रूप से स्वीकार्य नहीं था। हालांकि तथ्य है क विचार हमारे दमिाग और हमारे नर्वस सस्टिम में चारों ओर ले जाने उप परमाणु कणों कर रहे हैं। तो, भले ही अब तक मस्तष्कि में प्रत्येक न्यूरॉन, नहीं देखा और पीछा कयिा जा सकता है, न्यूरॉन्स के प्रवाह को एमआरआई (चुंबकीय अनुनाद इमेजगि) उपकरण पर नज़र रखी है। इस तरह के न्यूरॉन्स की एक औसत दर्जे का प्रवाह गतविधि की एक अच्छी तरह से परभिाषति कयिा है और उम्मीद के मुताबकि पैटर्न है और वे प्रकाश या आंतरकि शारीरकि कार्यों या

बाहरी उत्तेजनाओं जो बारी प्रभाव ठीक दर्जे का रक्त प्रवाह और रक्त में ऑक्सीजन के स्तर में "आग-अप" के जवाब में। वैज्ञानकि मस्तष्कि संबंधी माप में मलिावट से वकिसति हो रहा है और सुधार, पढ़ाई अब रसायन है कि न्यूरॉन्स बाँध के व्यवहार में परविर्तन प्रकट रहता है।

आपके मस्तष्कि में statingthat न्यूरोट्रांसमीटर कोशकिाओं को अपने वचिारों को सुनने और आप के भीतर भावनाओं को जो अपने वचिारों की उपज है, जो नष्किर्ष है कि विचिारों को अपने शरीर के कार्यों और जीवन के परणिामों को बदलने के लएि क्या करना होता है पर उठा रहे हैं के लएि एक आधार है। भव्य सदयिों से 'आर्कमिडिीज, जो ने कहा कि "मुझे एक लंबे और मजबूत लीवर, एक आधार और खड़े होने की जगह दे दो और मैं पृथ्वी कदम होगा" के पुराने ज्ञान सोचने के लएि आओ। यही कारण है कि निकेवल भौतकि वज्ञिान के कानून लेकनि यह भी सकारात्मक सोच के कानून था। उस समय पृथ्वी जाने के बारे में उनकी बात कर रहे? वैज्ञानकि प्रगति के साथ अपने दमिाग वर्तमान में कतिना अधकि की कल्पना कर सकते हैं? फरि से

व्यवस्था दूर मंदाकिनियों?

क्या आपने कभी सोचा है कि क्यों हम समय पर निराश्रय लगता है जब हम कुछ तानाशाहों अपने नागरिकों हावी के बारे में पढ़ा या खबर को सुनने के लिए है? लेकिन वहाँ एक आसानी से सुलभ रक्षा कि सरकार हथियार से परे चला जाता है और केवल उपयोग करने के प्रयास की आवश्यकता है मौजूद है। हमारे भीतर हमारे मानव मन की शक्ति है। हाल ही में एक शोध अध्ययन आकर्षण की शक्ति धिन पैदा करने पर केंद्रित है। क्या लगता है कि कई के विपरीत, धन संचय हमारे सबसे महत्वपूर्ण लक्ष्य शांति के लिए मौद्रिक और अन्य संसाधनों का उपयोग करना, सीमाओं के पार रहने वाले और ग्लोबल वार्मिंग को नियंत्रित करने का मानक अधिक महत्वपूर्ण मुद्दों में सुधार जब पूरी दुनिया का भविष्य दांव पर लगा है कर रहे हैं नहीं है।

मनुष्य के मन में एक उद्यान है, जो सोच समझकर खेती की जा सकती है या जंगली चलाने की अनुमति की तरह है, लेकिन क्या खेती की जाती है या उपेक्षित, यह हो जाना और आकार लेना कोई उपयोगी बीज इसे

में डाल रहे हैं, तो बेकार घास के बीज के एक बहुतायत के भीतर फैल जाएगा और कई मातम .हालांकि गुणवत्ता के बीज सुंदर फूल और फसल में परिणाम होगा उत्पादन करने के लिए जारी रहेगा।

बस के रूप में माली अपने उद्यान खेती, उन्हें मातम से मुक्त रखने, और फूल और फल जो वे के लिए योजना बढ़ रही है, तो आप अपने मन के बगीचे करते हैं हो सकता है, सब गलत है, बेकार है, और अशुद्ध विचार निराई और चुनदिा फूलों और फलों की खेती सही उपयोगी है, और शुद्ध विचारों की। इस प्रक्रिया का पीछा करके, आप अभी या बाद में है कि आप अपनी आत्मा की गुरु-माली, controllerof अपने जीवन हैं की खोज करेंगे। खुद के भीतर आप सोचा के कानूनों का एहसास होगा और सही ढंग से समझते हैं, कैसे सोचा बलों और मन पैटर्न अपने चरित्र, भाग्य और परिस्थितियों का आकार देने में के माध्यम से प्रवाह, चरित्र सोचा और चरित्र से जुड़ रहे हैं और ईमानदार चरित्र केवल पर्यावरण के माध्यम से प्रकट कर सकते हैं और परिस्थिति, एक व्यक्ति के जीवन के बाहरी स्थितियों हमेशा उसकी / उसके भीतर राज्य के

साथ समन्वति कयिा जा करने के लिए मिलि जाएगा। इसका मतलब यह नहीं है कि किसी भी समय में एक व्यक्ति की परसि्थतियिों में अपने पूरे चरति्र का संकेत कर रहे हैं, लेकनि वह उन परसि्थतियिों बहुत अच्छी तरह खुद के भीतर कुछ महत्वपूर्ण सोचा तत्वों के साथ जुड़े हुए हैं कि, कुछ समय के लिए, वे अपने वकिास के लिए अपरहिार्य हैं। हमारे होने का कानून के अनुसार, हम कर रहे हैं, जहां और हम कैसे जी रहे हैं = अपने पात्रों में बनाया गया है, वचिार हमें वहाँ लाया है, और हमारे जीवन की व्यवस्था में वहाँ वहाँ मौका का कोई तत्व हैं, लेकनि सब कुछ के लिए एक कानून का नतीजा है जो सटीक और सब व्यापक है। यह जो अपने आसपास के साथ "सद्भाव से बाहर" लगता है जैसे जो लोग खुद को साथ संतुष्ट हैं का भी उतना ही सच है।

प्रगतशिील और वकिसति हो रहा प्राणयिों के रूप में, हम रखा है, जहां हम तो हम सीख सकते हैं कि हम वकिसति कर सकते हैं कर रहे हैं; और जैसा कि हम आध्यात्मकि सबक है कि हमारे परसि्थति के लिए हमारे लिए है लागू सीखना, अनुभव नए अनुभवों के लिए रास्ता दे वकिसति।

कसिी भी समय, यद आप परसि्थतियिों से घरि लगता है यह, जब तक आप वशि्वास करते हैं अपने आप को बाहर की स्थति के जीव हो जाएगा एहसास है क आप अपने रचनात्मक शक्तयिों रहे हैं अपने आप को हलि, और आप छपि मट्टी और अपने होने का बीज आदेश कर सकते हैं क बाहर जो की परसि्थतियिों बढ़ती है, तो आप अपनी सही स्वामी बन जाते हैं।

चूंक परसि्थतियिों सोचा से बाहर हो जाना हर आदमी जानता है, जो है के लएि समय के कसिी भी लम्बाई, अभ्यास आत्म नयिंत्रण और आत्म शुद्ध वह गौर कयि होगा क अपने परसि्थतियिों में परवरि्तन उसकी मानसकि स्थति बदल के साथ सटीक अनुपात में कयि गया है। सच तो यह है क वह उल्लेखनीय जीवन में परवरि्तन की एक उत्तराधकिार के माध्यम से तेजी से गुजरता है वह यह है क जब एक आदमी ईमानदारी से अपने चरति्र में दोष उपाय करने में खुद को लागू होता है, और तेजी से बनाता है और चह्नित प्रगत।

आत्मा को आकर्षति करती है क जो इसे चुपके से बंदरगाहों; जो क उसे प्यार करता है, और वह है जो यह आशंका; यह अपने पोषति आकांक्षाओं की ऊंचाई

तक पहुँचता है; यह अपने स्वयंसेवी इच्छाओं, के स्तर तक गिर जाता है - और परिस्थितियों साधन है जिसके द्वारा आत्मा अपने स्वयं प्राप्त कर रहे हैं।

हर विचार-बीज बोया या मन में गिर करने की अनुमति दी है, और वहाँ रूट लेने के लिए, अपने खुद का उत्पादन कार्य में अभी या बाद में खिलि, और अवसर और परिस्थिति की अपनी ही फसल असर,। अच्छे विचार अच्छा फल, बुरे विचारों को बुरा फल सहन।

परिस्थिति के बाहरी दुनिया में सोचा के भीतर की दुनिया के लिए खुद को आकार, और दोनों सुखद और अप्रिय बाह्य परिस्थितियों कारक है, जो व्यक्ति का परम भलाई के लिए कर रहे हैं। अपने ही फसल के लवन के रूप में, आदमी पीड़ा और आनंद से दोनों सीखता है।

अंतरतम के बाद इच्छाओं, आकांक्षाओं, विचारों, जिसके द्वारा वह खुद को अनुमति देता बोलबाला हो, (अशुद्ध कल्पना के धागे का पीछा या लगातार मजबूत और उच्च प्रयास के राजमार्ग चलने), एक आदमी पर पिछले के बाहरी परिस्थितियों में उनकी पूर्ति में आता है उसकी जिंदगी। विकास और समायोजन के नियम हर जगह प्राप्त करता है।

एक आदमी अदालत या भाग्य या परिस्थिति के अत्याचार से जेल में नहीं आया है, लेकिन विचारों और इच्छाओं आधार groveling के मार्ग से। न ही एक शुद्ध दिमाग आदमी किसी भी मात्र बाहरी बल के तनाव से अपराध में अचानक गिर करता है; आपराधिक सोचा लंबे चुपके से दिल में बढ़ावा दिया गया था, और अवसर घंटे अपनी इकट्ठा शक्ति का पता चला। हालात आदमी नहीं बनाते हैं; वे खुद के लिए उसे प्रकट ऐसा कोई शर्तों शातिर हठ से अलग उपाध्यक्ष और इसके परिचिर कष्टों में उतरते, या पुण्य और धार्मिक आकांक्षाओं के निरंतर खेती के बिना अपने शुद्ध खुशी में आरोही के रूप में मौजूद कर सकते हैं; और आदमी है, इसलिए, प्रभु और सोचा था की गुरु के रूप में, खुद के निर्माता और पर्यावरण के लेखक हैं। जन्म के समय भी आत्मा अपने स्वयं के लिए और अपने सांसारिक तीर्थ यात्रा के हर कदम पर यह स्थिति है जो अपने आप को पता चलता है की उन संयोजन, जो अपनी ही पवित्रता और, अशुद्धता, अपनी ताकत और कमजोरी का प्रतिबिंब है आकर्षित करती है के माध्यम से आता है।

लोग कहते हैं कि जो वे चाहते हैं, लेकिन लगता है कि जो वे कर रहे हैं आकर्षित नहीं करते। उनकी सनक, पसंद, और महत्वाकांक्षा हर कदम पर नाकाम रहे हैं, लेकिन उनके अंतरतम विचारों और इच्छाओं को अपने स्वयं के भोजन के साथ खिलाया जाता है, यह बेईमानी या साफ हो। "दिव्यता है कि हमारे सिरों को आकार" अपने आप में है; यह हमारे बहुत आत्म है। संक्षेप में, आप अपने आप को हथकड़ी कर सकते हैं या अपने आप को मुक्त सेट: विचार और कार्रवाई का भाग्य jailers हैं - वे कैद, आधार जा रहा है; वे भी स्वतंत्रता के दूत हैं - वे आजाद कराने, नोबल जा रहा है। नहीं है कि वह क्या चाहता है और एक आदमी मिलता है के लिए प्रार्थना करता है, लेकिन क्या वह उचित रूप में कमाता है। उनकी इच्छा है और प्रार्थना ही संतोष कर रहे हैं और जवाब है, जब वे अपने विचारों और कार्यों के साथ मिलाना।

इस सच्चाई के प्रकाश में, क्या, फिर, का अर्थ है "परिस्थितियों के खिलाफ लड़ रहे हैं?" इसका मतलब यह है कि एक आदमी लगातार, बिना किसी प्रभाव के

खलिाफ बगावत कर रहा है, जबकि हर समय वह पौष्टकि है और उसके दलि में इसके कारण के संरक्षण। यही कारण एक जागरूक उपाध्यक्ष या बेहोशी की कमजोरी का रूप ले सकता है; लेकनि जो कुछ भी हो, यह हठ अपने स्वामी के प्रयासों को अवरूद्ध, और इस प्रकार उपचार के लिए जोर से कहता है।

लोग अपने हालात में सुधार करने के लिए उत्सुक हैं, लेकनि खुद को बेहतर बनाने के लिए तैयार नहीं हैं; वे इसलिए बाध्य रहते हैं। जो लोग अथक प्रयास से हटना नहीं है पूरा करने के लिए कभी असफल नहीं कर सकते हैं जसिका एकमात्र उद्देश्य हासलि करने के लिए धन महान व्यक्तगित त्याग करने से पहले वह अपनी वस्तु को पूरा कर सकते तैयार कयिा जाना चाहिए है; और कतिना अधकि है तो वह / वह एक मजबूत और अच्छी तरह से तैयार जीवन जो यह जानता होगा?

सच समृद्धि का आधार है, और न केवल पूरी तरह से, अपने wretchedness से बाहर वृद्धि करने के लिए अयोग्य है, लेकनि वास्तव में रहने से एक अभी भी गहरी wretchedness खुद को आकर्षति करने, और

बाहर काम कर रहा है अकर्मण्य भ्रामक, और डरनेवाला विचार।

|

कई मानकों है कि मनुष्य कितना जिम्मेदारी व्यक्ति द्वारा सच्चाई यह है कि आदमी अपराधी है लिया जाता है के मामले में तुलना की जा सकती उसकी परिस्थितियों के (हालांकि लगभग हमेशा अनजाने में है) कर रहे हैं, और यह कि, जबकि एक अच्छा अंत में लक्ष्य, वह लगातार विचारों और इच्छाओं को जो संभवतः कि अंत के साथ मिलाना नहीं कर सकता को बढ़ावा देकर अपनी उपलब्धि निराशा होती है। इस तरह के मामलों गुणा किया जा सकता है और लगभग अनिश्चित काल के लिए अलग-अलग है, लेकिन इस रूप में पाठक सकते हैं, अगर वह ऐसा हल करता है, सोचा के कानूनों की कार्रवाई अपने ही मन और जीवन में पता लगाने के लिए आवश्यक नहीं है, और जब तक यह किया है, मात्र बाहरी तथ्यों तर्क की एक जमीन के रूप में काम नहीं कर सकते।

हालात बहरहाल, इतना जटिल कर रहे हैं, सोचा था कि इतनी गहराई से निहित है, और खुशी की शर्तों हां,

बेहद व्यक्तियों के साथ, कि एक आदमी के पूरे आत्मा हालत (हालांकि यिह है कि खुद को जाना जा सकता है) किसी अन्य के द्वारा बाहरी से नहीं आंका जा सकता भिन्नि हो अकेले अपने जीवन के पहलू। एक आदमी कुछ दिशाओं में ईमानदार हो, अभी तक privations पीड़ित हो सकता है; एक आदमी कुछ दिशाओं में बेईमान हो, फिरि भी धन प्राप्त हो सकता है; लेकिनि आम तौर पर इस निष्किर्ष का गठन है कि एक आदमी ने अपनी विशिष ईमानदारी की वजह से विफिल रहता है, और वह अपने विशिष बेईमानी की वजह से अन्य prospers, एक सतही निर्णिय है, जो मानता है कि बेईमान आदमी लगभग पूरी तरह से भ्रष्ट है, और ईमानदार आदमी का परिणाम है लगभग पूरी तरह से गुणी। एक गहरा ज्ञान और व्यापक अनुभव इस तरह के निर्णिय के आलोक में गलत हो पाया है। बेईमान आदमी कुछ सराहनीय गुण है, जो अन्य करता है, के अधिकारी नहीं हो सकता है; और ईमानदार आदमी अप्रिय दोष है जो अन्य में अनुपस्थिति रहे हैं। ईमानदार आदमी को अपने ईमानदार विचारों और कृत्यों के अच्छे परिणाम काटनेवाला; वह भी खुद पर दुखों है, जो अपने दोष का उत्पादन लाता है। बेईमान आदमी इसी तरह अपने ही

दुख और खुशी garners।

यह मानना है कि एक के बाद एक की पुण्य की वजह से ग्रस्त मानव घमंड को भाता है; लेकिन जब तक नहीं एक आदमी अपने मन से हर, बीमार कड़वा, और अशुद्ध सोचा extirpated गया है, और उसकी आत्मा से हर पापी दाग को धोया, वह एक ही स्थान पर हो सकता है और घोषणा की कि उनके कष्टों उसके अच्छे का परिणाम है, और नहीं अपने बुरे गुणों की; और रास्ते पर करने के लिए, फिर भी लंबे समय से पहले वह पहुँच गया है, कि सर्वोच्च पूर्णता, वह मिल गया होगा अपने मन और जीवन, महान कानून है जो बिल्कुल सिर्फ है में काम कर रहा है, और नहीं है, इसलिए, बुराई के लिए अच्छा बुराई के लिए दे सकते हैं, जो अच्छा। इस तरह के ज्ञान के अधीन है, वह तो पता चल जाएगा, अपने अतीत अज्ञानता और अंधापन पर वापस देख रहे हैं, उसका जीवन है, और हमेशा से था, उचित रूप में आदेश दिया, और कहा कि उसके सारे अतीत के अनुभवों, अच्छे और बुरे, उसकी उभरती का न्यायसंगत पूरा होने थे, अभी तक unevolved स्व।

अच्छे विचार और कार्यों बुरा परिणाम का उत्पादन

नहीं कर सकते हैं; बुरा वचिारों और कार्यों अच्छे परणिाम का उत्पादन नहीं कर सकते हैं। यह तो कुछ भी नहीं कह रही है कि बिच्छि लेकनि बच्छि से मकई लेकनि मक्का, कुछ नहीं से आ सकता है। पुरुषों प्राकृतकि दुनयिा में इस कानून को समझते हैं, और इसके साथ काम; लेकनि कुछ इसे मानसकि और नैतकि दुनयिा में समझ में (हालांकि इसके संचालन नहीं है बस के रूप में सरल और undeviating), और वे, इसलिए नहीं है कि यिह साथ सहयोग।

दुख हमेशा के लिए कुछ दशिा में गलत सोचा का प्रभाव है। यह इस बात का संकेत है कि व्यक्ति ने खुद के साथ सद्भाव से बाहर है, अपने होने के कानून के साथ है। दुख का एकमात्र और सुप्रीम उपयोग शुद्ध करने के लिए, यह सब बेकार और अशुद्ध है बाहर जला है। उसके लिए रहता पीड़ति हैं, जो शुद्ध है। वहाँ सोने के जलने के बाद कीट हटा दयिा गया था में कोई वस्तु हो सकता है, और एक पूरी तरह से शुद्ध और प्रबुद्ध जा रहा ग्रस्त नहीं कर सका।

परस्थितियों, जो एक आदमी को दुख के साथ मुठभेड़ों, सद्भाव में अपने ही मानसकि के परणिाम हैं। परस्थितियों, जो एक व्यक्ति को धन्य साथ मुठभेड़ों,

अपने ही मानसकि सद्भाव का परणिाम है। धन्य है, न कि भौतकि संपत्त्ति, सही सोचा का उपाय है; wretchedness, नहीं सामग्री संपत्त्ति की कमी, गलत सोचा का उपाय है। एक आदमी को शाप दयिा और अमीर हो सकता है; वह धन्य है और गरीब हो सकता है। धन्य और धन केवल एक साथ शामलि हो गए जब धन ठीक ही है और बुद्धमिानी से इस्तेमाल हो रहे हैं; और गरीब आदमी केवल wretchedness में उतरता है जब वह अपने बहुत संबंध में एक बोझ अन्याय लगाया।

मानसकि वकिार। एक आदमी ठीक ही वातानुकूलति नहीं है जब तक वह एक खुश, स्वस्थ और समृद्ध जा रहा है; और खुशी, स्वास्थ्य, समृद्धि और बाहरी, अपने परविश के साथ आदमी के साथ भीतरी के सामंजस्य का समायोजन का परणिाम है।

एक व्यक्ति को केवल करने के लिए शुरू होता है, जब वह कराहना और शकिायत करने के लिए रहता है, और छपि हुए न्याय जो अपने जीवन को नयिंत्रति करता है के लिए खोज करने के लिए शुरू होता है। जब वह यह है कि विनियिमन के कारण अपने मन adapts, वह अपनी हालत के कारण के रूप में दूसरों पर दोष लगाने के लिए

रहता है, और मजबूत और महान वचिारों में खुद को मजबूत बनाता है; परस्थितियों के खलिाफ ककि करने के लिए रहता है, लेकनि उन्हें अपने और अधकि तेजी से प्रगत किरने के लिए एड्स के रूप में उपयोग करने के लिए शुरू होता है, और खुद के भीतर छपिा शक्तयों और संभावनाओं की खोज करने का एक साधन के रूप में।

कानून, न भ्रम, ब्रह्मांड में हावी सद्धिांत है; न्याय, अन्याय नहीं, आत्मा और जीवन का पदार्थ है; और धर्म, न भ्रष्टाचार, मोल्डगि और दुनयिा के आध्यात्मकि सरकार में चलती बल है। यह इसलिए कयिा जा रहा है, लेकनि खुद को आदमी को सही कयिा गया है क ब्रिह्मांड सही है खोजने के लिए; और खुद को डालने का अधकिार है क विह उस रूप में वह चीजों को और अन्य लोगों, चीजों को और अन्य लोगों के प्रत अपने वचिारों को बदल उसके प्रत बदल जाएगा मलिेगा की प्रक्रयिा के दौरान।

इस सच्चाई के सबूत के हर व्यक्त मिें है, और यह इसलिए व्यवस्थति आत्मनरीिक्षण और आत्म-वश्लिेषण द्वारा आसान जांच की मानते हैं। एक आदमी के मौलकि अपने वचिारों में परविर्तन करते हैं,

और वह तेजी से परविर्तन यह उसके जीवन की भौतकि परस्थितियों में असर होगा पर चकति हो जाएगा। पुरुषों की कल्पना है क सिोचा था क गिुप्त रखा जा सकता है, लेकनि यह अभाव और बीमारी के हालात: हर तरह के अशुद्ध वचिार enervating और भ्रमति करने वाला, जो ध्यान भंग और प्रतकिूल परस्थितियों में जमना में मणभि: भय के वचिार, संदेह, और अनर्णिय कमजोर, डरनेवाला में मणभि और ढुलमुल आदतों, जो वफिलता, गरीबी, और स्लाव नरि्भरता की परस्थितियों में जमना: आलसी वचिार गंदगी और बेईमानी की आदतों, जो मट्टिी और भक्षिावृत्त किी परस्थितियों में जमना में मणभि: घृणति और नदिात्मक वचिारों आरोप और हंसा की आदतों में मणभि जो चोट और उत्पीड़न की परस्थितियों में जमना: सभी प्रकार के स्वार्थी वचिारों आत्म की मांग की आदतों, जो परस्थितियों में कम या ज्यादा चतिाजनक जमना में मणभि। दूसरी ओर, सभी प्रकार के सुंदर वचिारों अनुग्रह और नेकी की आदतों, जो मलिनसार और धूप परस्थितियों में जमना में मणभि: साहस का वचिार: शुद्ध वचिार संयम और आत्म-नयिंत्रण की आदतों, जो सोना और

शांति की परस्थितियों में जमना में मणभि ऊर्जावान वचिार साफ-सफाई और उद्योग की आदतों, जो माधुर्य की परस्थितियों में जमना में मणभि:, आत्मनर्भिरता, और नर्णिय मर्दाना आदतों, जो सफलता, बहुत है, और स्वतंत्रता की परस्थितियों में जमना में मणभि कोमल और क्षमा वचिार नम्रता की आदतों में मणभि है, जो सुरक्षा और परिक्षक परस्थितियों में जमना: प्यार और बेगरज वचिारों को आत्म-वस्मिरण दूसरों को, जो यकीन है कि और स्थायी समृद्धि और सच्चा धन की परस्थितियों में जमना लिए की आदतों में मणभि।

सोचा था की एक वशिष ट्रेन में कायम है, यह अच्छा है या बुरा, चरत्रि और परस्थितियों पर उसके परणिाम का उत्पादन करने के लिए असफल नहीं हो सकता हो। एक आदमी सीधे, नश्चिति रूप से उसकी परस्थितियों का चयन नहीं कर सकते, लेकनि वह अपने वचिारों को चुन सकते हैं, और इसलिए परोक्ष रूप से, अभी तक उसकी परस्थितियों को आकार।

प्रकृति वचिारों की संतुष्टि है, जो वह सबसे प्रोत्साहति करने के लिए हर आदमी में मदद करता है, और अवसर प्रस्तुत कर रहे हैं जो सबसे तेजी से सतह

दोनों अच्छे और बुरे वचिारों के लिए लाना होगा।

एक आदमी ने अपने पापी वचिारों से संघर्ष, और दुनयिा उसके प्रत नरिम होगी, और उसकी मदद करने के लिए तैयार हो जाए! उसे अपने कमजोर और बीमार वचिारों को दूर कर दें, और लो, अवसरों हर हाथ अपने मजबूत नरिाकरण सहायता करने पर वसंत जाएगा; उसे अच्छे वचिार के लिए प्रोत्साहति करते हैं, और कोई मुश्कलि भाग्य wretchedness और शर्म की बात करने के लिए उसे नीचे बाँध जाएगा। दुनयिा को अपने बहुरूपदर्शक है, और रंग के अलग संयोजन, जो हर सफल क्षण में यह आप के लिए प्रस्तुत अपने कभी चलती वचिारों की नजाकत समायोजति तस्वीरें हैं।

"तो तुम क्या आप करेंगे होना करने के लिए कयिा जाएगा, असफलता पाते हैं क गिरीब शब्द में अपनी झूठी सामग्री चलो पर्यावरण, 'लेकनि यह भावना scorns, और नः शुल्क है।

"यह मास्टर्स समय, यह अंतरक्षि जय पाए, यह गायों मौका है क घिमंडी चालबाज, और तानाशाह परस्थितिि के लिए वदिाई बोलयिों और वापस स्वागत करता है मानव इच्छा और दृढ़ संकल्प सफल होने के

लिए।

"मानव होगा, कि अदृश्य शक्ति है, एक अमृत आत्मा की संतानों, एक तरह से किसी भी लक्ष्य को, कुल्हाड़ी से काटना सकता है, हालांकि ग्रेनाइट की दीवारों हस्तक्षेप।

"देरी में अधीर नहीं हो सकता है लेकिन एक है जो समझता है के रूप में इंतजार करना;। जब आत्मा निकलती है और आदेशों का पालन करना देवताओं करने के लिए तैयार कर रहे हैं"

अध्याय तीन

टॉम शायद ही कभी बीमार हो जाता है। और जब वह करता है, तो आप शायद ही बता सकते हैं। ऐसा इसलिए है क्योंकि वह शिकायत नहीं करता है, वह ठीक हालत में होना reaffirmsshe'll "afteragood रात की नींद।"

बॉब, तथापि, के रूप में वह मानता है कि हर sniffle एक अंधेरे परिणाम के साथ एक भयानक बीमारी का संकेत है अलग है।

कहने की जरूरत नहीं, बॉब टॉम की तुलना में अक्सर बीमार हो जाता है और अधिक से अधिक वह करता ग्रस्त है। अपने मतभेदों का एक कारण शायद उनकी प्रतिरक्षा प्रणाली हो सकता है। लेकिन एक समान रूप से महत्वपूर्ण कारक है, अनुसंधान अध्ययनों का निष्कर्ष है, उनके attitudes..one आशावादी और अन्य निराशावादी हैं।

एक प्रामाणिक रिपोर्ट हाल ही में ऑस्ट्रेलियाई

स्वास्थ्य संस्थान के जर्नल में प्रकाशति के अनुसार। यह पुष्टि की गई है कि आप बेहतर हो रही प्रभावति भागों कल्पना द्वारा चकित्सा तेज हो सकती है। बेहतर है आप visualizing पर प्रभाव है, मजबूत है। तो अगली बार जब आप एक सर्दी या फ्लू के साथ नीचे आते हैं, आपके फेफड़ों और साइनस समाशोधन कल्पना। सूजन की कल्पना करो। को कम करने। कल्पना अपने आप को बेहतर महसूस कर रही। यह सभी संभावना में, आप बेहतर कर सकते हैं (इस तरह ऑटो सुझाव की शक्ति है)

"मामले पर मन" के सद्धिांत को फरि से साबति हो गया है 1990 से आगे कई अनुसंधान केन्द्रों पर एस अवसाद जो ifmedications के रूप में बेहतर हो रही है की उम्मीद के साथ बेहतर है के साथ मधुमेह के रोगयिों और रोगयिों को दी प्लेसबो गोलयिों का इस्तेमाल कयिा अध्ययनों का एक सेट precribed के रूप में प्रभाव ले जा रहे थे वह मन शरीर का पालन करें और मन से तो दूसरा अनुसरण करता नर्दिेशों के

लिए सड़क पर होता है, चाहे वे subconsciously व्यक्त कर रहे हैं या स्पष्ट रूप से कहा। जब विचार प्रतिबिंधात्मक निर्दयी और नकारात्मक हैं, एक के स्वास्थ्य बीमारियों और रोग आशावादी और खुशहाल विचार हमारे शरीर सौंदर्य और शबाब के साथ चमक से भरा आदेशों मिलने पर साथ ग्रस्त है।

स्वास्थ्य और रोग, परिस्थितियों की तरह, सोचा में निहित हैं। बीमार विचार एक बीमार शरीर के माध्यम से खुद को अभिव्यक्त होगा। डर के विचार एक आदमी के रूप में निश्चित रूप से एक हथियार के रूप में मारने के लिए जाना जाता रहा है और वे लगातार हजारों लोगों को हर समय हत्या कर रहे हैं कुछ शायद धीरे-धीरे। जो लोग इस बीमारी के भय में रहते हैं लोग हैं, जो इसे पाने के लिए कर रहे हैं। चिंता जल्दी से पूरे शरीर demoralizes, और यह करने के लिए खुले देता है, रोग के प्रवेश द्वार ;. इसी तरह अशुद्ध विचार, लगातार आयोजित किया है, समय के साथ तंत्रिका तंत्र को चकनाचूर।

मजबूत, शुद्ध, और खुश विचार शक्ति, आकर्षण और दया के साथ शरीर का निर्माण। शरीर एक नाजुक और लचीला साधन है, जो विचारों को जो करने के लिए यह

करने के लिए सामने आ रहा है और सोचा के पैटर्न को अपने स्वयं के प्रभाव, अच्छा या बुरा, जो भी तरह का निर्माण करने के लिए आसानी से प्रतिक्रिया करता है।

मनुष्य के इतने लंबे समय के रूप में वे अशुद्ध विचार प्रोत्साहित करते हैं, अशुद्ध और जहर रक्त के लिए जारी रहेगा। एक साफ दिल से बाहर एक स्वच्छ जीवन और एक स्वच्छ शरीर आता है। एक भ्रष्ट मन से, एक अशुद्ध शरीर सोचा कार्रवाई, जीवन, और अभिव्यक्ति का फव्वारा है; फव्वारा शुद्ध बनाने के लिए, और सभी, शुद्ध उज्ज्वल और स्वस्थ हो जाएगा

याद रखें, केवल बदलते अपने आहार में मदद नहीं करेगा, तो आप अपने विचारों को बदल नहीं है। एक व्यक्ति अपने विचारों को शुद्ध करता है, वह / वह नहीं रह अशुद्ध खाद्य इच्छाओं।

स्वच्छ विचारों को स्वच्छ बनाने के प्रति दृष्टिकोण। तथाकथित संत जो अपने शरीर धो नहीं करता है एक संत नहीं है। जो मजबूत किया है और अपने विचारों को शुद्ध किया गया है वह खतरनाक रोगाणुओं पर विचार करने की जरूरत नहीं है।

आपके शरीर की रक्षा करने के लिए सबसे अच्छा तरीका है अपने मन को हर समय रक्षा के लिए है। आप अपने शरीर को नवीनीकृत करना चाहते हैं, तो बस अपने मन को सुशोभित। द्वेष, ईर्ष्या, निराशा के विचार, हताशा लूटने अपने स्वास्थ्य और दया का शरीर। एक खट्टा चेहरे संयोग से नहीं आता है; यह खट्टा विचारों द्वारा किया जाता है। झुर्रियाँ है कि एक शरीर को चिह्नित मूर्खता, अवमानना के द्वारा बनाई गई है, और व्यवहार का मतलब कर रहे हैं।

मैं उनके नब्बे के दशक जो लड़कियों के उज्ज्वल, मासूम चेहरे में कुछ महिलाओं से मुलाकात की है। मैं एक आदमी को अच्छी तरह तहत मध्यम आयु जिसका चेहरा बेसुरा आकृतियों में तैयार की है पता है। पूर्व एक, मिठाई सकारात्मक और धूप स्वभाव का परिणाम है; बाद के अवसाद और असंतोष का नतीजा है।

जब तक आप स्वतंत्र रूप से अपने कमरे में ताजा हवा और धूप स्वीकार करते हैं वैसे ही जैसे आप एक मिठाई और पौष्टिक नहीं हो सकता है, भी एक मजबूत शरीर और एक उज्ज्वल, खुश है, या शांत चेहरा केवल आनन्द के विचारों के प्रवाह में निःशुल्क प्रवेश से परिणाम कर सकते हैं और सद्भावना और शांति।

कुछ वृद्ध के कुछ चेहरों पर वहाँ मजबूत और शुद्ध वचिार से सहानुभूति द्वारा कएि गए झुर्रयिां, दूसरों रहे हैं, फरि भी दूसरों के असंतोष से खुदी हुई हैं। यह उन्हें अलग करने के लएि, जो लोग धर्म से जयिा है के साथ आसान है, आयु, शांत, शांतपूर्ण, और धीरे डूबते सूर्य की तरह, वनिम्र है। मैं हाल ही में उसकी मृत्युशय्या पर एक दार्शनकि देखा है। वह साल में छोड़कर वर्ष नहीं था। उन्होंने कहा कि के रूप में प्यार से मृत्यु हो गई और शांति के रूप में वह रहते थे।

इसमें शरीर की बीमारयिों को नकार के लएि लगातार हंसमुख वचिारों की तरह कोई चकित्सिक नहीं है; अच्छा जयकार और joyousness दु: ख और दु: ख की छाया dispersing के लएि सबसे अच्छा उपचार कर रहे हैं। बीमार होगा, दूरदर्शतिा, संदेह, और ईर्ष्या के वचिारों में लगातार रहते हैं, एक स्वयं बनाया जेल की कोठरी में कैद कयिा जा रहा है। लेकनि सभी का अच्छी तरह से सोचने के लएि, सभी के साथ हंसमुख हो सकता है, धैर्य से सभी में अच्छा खोजने के लएि सीखना - इन बेगरज वचिार स्वर्ग के बहुत पोर्टल्स हैं; और हर प्राणी की ओर शांति के वचिारों में दनि-ब-दनि

ध्यान केन्द्रति करने के लिए सभी जो उन्हें अधिकारी को शांति abounding लाएगा। अभ्यास नियमति रूप से ध्यान लोगों को मदद मलिती है मन, शरीर और आत्मा और इस तरह के सद्भाव के बीच एक सामंजस्यपूर्ण संतुलन बनाए रखने के लिए हर किसी को पूरा करने के लिए जीवन जीने के लिए एक परम अवस्था है

ध्यान के दौरान आप अपने मन उत्थान चेतना में जसिके परणिामस्वरूप के भीतर गहरे पार मलिगा। दीप छापों, वचिारों पुनरोद्धार में जसिके परणिामस्वरूप जारी कर रहे हैं। प्रक्रयिा फरि से और फरि से दोहराने से समय के साथ, एक सक्रयि कर सकते हैं लगता है, ताजा, नए सरि से और सशक्त।

चौथा अध्याय

उस समय तक, अपने वचिारों को सीधे उद्देश्य के साथ जुड़े हुए हैं कोई सार्थक उपलब्धियों देखते हैं। कई लोग हैं। उनके वचिारों "दशिा के बनिा बहाव के लिए अनुमतदिने के लिए कोई स्पष्ट दशिा या लक्ष्य होने बस गंतव्य और उद्देश्य के कसिी भी स्पष्टता के बनिा स्पष्ट नहीं रास्तों की भूलभुलैया के बाद लोगों की ओर जाता है।

यह स्पष्ट दीर्घकालकि दृष्टयिा आपके मन में अपने जीवन के लिए कुछ उद्देश्य है और इसे हासलि करने के लिए काम करने के लिए शुरू करने के लिए सबसे अच्छा है। तो pgoals मुख्य और अपने वचिारों का ध्यान केंद्रति करते हैं। वे beinspirational सकता है या आध्यात्मकि आदर्शों या वे भौतकि वस्तुओं, अपने

जीवन के certainphases पर dependingonyour प्रकृति हो सकता है .; लेकिन उम्मीद है कि आप और उद्देश्य के लिए प्रयास तेजी से लक्ष्यों जो आप अपने आप को आगे रखा है पर अपने विचार-बलों ध्यान केंद्रित करने के लिए जो कुछ भी। वास्तव में हम सभी के अपने लक्ष्यों को जीने के लिए हमारी प्राथमिकता है, और उन्हें हमें बंद कर दिया अनदेखी distractions और यादृच्छिक घटनाओं को प्राप्त करने के लिए कार्रवाई करनी चाहिए।

यहाँ तक कि ध्यान की भावना और सफलता की ओर एक स्पष्ट पथ के साथ, बाहर कारकों सबसे अधिक ध्यान से निर्धारित योजना पटरी से उतर सकते। तुम इसलिए प्रेरित है और मानसिक रूप से मजबूत करते हुए, अपने लक्ष्यों को प्राप्त करने के रूप में आप एक व्यावहारिक दृष्टिकोण अपनाने के लिए और किसी भी स्थिति है कि अंततः अपनी महत्वाकांक्षाओं को पुरस्कृत कर सकते हैं के लिए तैयार की तलाश में रहना चाहिए।

क्या यह दिनचर्या हो, छोटे लक्ष्यों या एक शानदार जीवन भर महत्वाकांक्षा, अपने आप कल्पना उन्हें

प्राप्त करने और एक विजेता होने के लिए दूसरों से प्रशंसा प्राप्त। दृश्य और सकारात्मक affirmations आप विजेता मानसिकता पैदा करते हैं और सभी ऊर्जा आप की जरूरत की आपूर्ति में मदद मिलेगी। ध्यान रखें, यह सब आप की है और जारी रहती है जब तक आप अपने लक्ष्यों को प्राप्त करने दे।

सबसे कमजोर आत्मा, अपनी ही कमजोरी जानने के लिए, और इस सच्चाई यह है कि शक्ति ही प्रयास और अभ्यास के द्वारा विकसित किया जा सकता है विश्वास, होगा, इस प्रकार विश्वास, एक ही बार में ही लागू करने के लिए शुरू हो, और, धैर्य के लिए धैर्य प्रयास करने के प्रयास को जोड़ने, और शक्ति के लिए शक्ति, विकसित करने के लिए बंद हो जाएगा और कभी नहीं, पर पिछले अपने सपनों की वास्तविकता में दैवीय strong.Believe बढ़ेगा और वे वास्तविकता से एक दिन होगा।

सबसे अच्छा कौशल हम प्राप्त कर सकते हैं में से एक काम है जो हमें उत्तेजित मिल रहा है, हमारे दिल से गाते हैं और हमारी क्षमताओं का सबसे अच्छा करने के लिए यह कर के अनुभव का आनंद आता है। प्यार

तुम क्या करते हो और आप को पूरा करने का काम मलि जाएगा।

जानते हुए भी कि हम यह कर सकते से स्प्रग्सि करना होगा। "हम यह कर सकते हैं, हाँ हम कर सकते हैं 'के नारे श्री ओबामा के लिए अद्भुत काम कयिा है और उसे thePresident कयिा जा रहा करने के लिए मलिा है।

जीवन के उद्देश्य के लिए रहने के लिए कुछ लग रहा है और केवल जीवति नहीं रह। कैसे करने के बारे में सोचते हैं और क्या करने के लिए पुनर्नरि्माण, reequip और अपने आप को पुनर्जीवति जो भी सबसे बड़ी भलाई के लिए आप कर सकते हैं, हम सभी को लयिा जन्म हमारी सबसे बड़ी उद्देश्य बाहर रहते हैं और हमारी सर्वोच्च self.It के देर से कभी नहीं प्राप्त करने के लिए है।

अध्याय पाँच

वचिार हमारे इरादों जो हमारे reality.It बनाने के ट्रांसमीटरों समय के कई बदिुओं पर सदि्ध कयिा गया है और स्थानों हैं कि हिम काफी समय जीवन के अर्थ के लिए देख रहे हैं और आत्म वकिास लेखन कि हमारे वचिार हमारे दुनयिा बनाने के माध्यम से देख खर्च करते हैं। यह एक परकिल्पना है, क्योंकि यिह सब सही रूप में वैज्ञानकि रूप से समर्थन कयिा जा सकता है। शुरू में हम उलझन में हो wmay और इसके बारे में संदेह ... कैसे कसिी को थोड़ी देर में एक करोड़पति बिन सकता है हो सकता है। या फरि बस, हो रही अपनी अनानास नशि्चति रूप से खुली यह अपने आप छील बनाने के लिए नहीं लगता है के बारे में hinking तो यह हालांकि पहली बार में सब नरिाधार और अव्यावहारकि लगती है।

whileWhen आप अपने टीवी और रेडियो पर बारी हालांकि, एक के लिए इस विषय पर पकड़, चित्रों और लगता है कहीं से भी बाहर आ रहे हैं। वह भी बहुत अविश्वसनीय ध्वनि नहीं है? और फिर भी आप उन सभी चित्रों को देख सकते हैं और ध्वनि और संगीत areThere का निश्चित रूप से कोई ट्यूबिंग या कुछ और पर रेडियो या टेलीविजन को जोड़ने inlets को सुनने के लिए मिलता है। तुम बस यह मोड़ पर, और हे, वहाँ picturesand लगता है। यह निश्चित रूप से एक असली बात अभी तक जाहिरा तौर पर दिख जुड़ा हुआ नहीं है।

"हाँ, लेकिन यह बिजली के द्वारा संचालित है और वहाँ कैथोड पेश फोटॉनों या LCDs हैं," एक maysay, "वहाँ स्क्रीन बौछार इलेक्ट्रॉनों के सभी प्रकार है, छवियों हम देखते हैं बनाने के लिए ऊर्जा जारी है। दूसरी ओर, किसी को, उनकी शक्ति ट्रांसमीटर के लिए कुछ बिजली (या ऊर्जा के अन्य रूप) का इस्तेमाल कुछ विद्युत चुम्बकीय तरंगों के कारण होता है, और कुछ ऊर्जा चला जाता है में अपने टीवी / रेडियो पर अपने रिसीवर उन संकेतों हो जाता है और उन्हें बदल देता है। "संक्षेप में, कुछ लहरों होती हैं,

और बाहर कुछ फर्क नहीं पड़ता आता है वास्तव में दूर दूर!

उल्लेखनीय है, तो फिर, क्या होता है जब आप इस बारे में क्या सोचते हैं? अपने विचारों को तरंगों भी कर रहे हैं! जब से हम पूरी तरह से समझ में नहीं आता कि कैसे हमारे दिमाग काम करता है, यह संभव नहीं है कि मस्तिष्क के हिस्से के एक ट्रांसमीटर है कि हमारे शरीर से ऊर्जा पर चलता है, और सोचा की लहरें बाहर भेजता है? सब के बाद, हम वास्तव में नहीं जानता कि कैसे सोचा या तो काम करता है! हो सकता है कि दूसरे छोर पर रिसीवर पर निर्भर करता है, उन लहरों किसी भी तरह इस मामले में परिवर्तित कर रहे हैं, और अगर वास्तविक भौतिक मामले में सोचा परिणाम बनाया जा रहा है, तो है कि हमारे विचार हमारे वास्तविकताओं का निर्माण करने के लिए नीचे नहीं क्यू फोड़ा करता है?

सब है कि आप प्राप्त कर सकते हैं और सब है कि आप प्राप्त करने में विफल अपने विचारों का प्रत्यक्ष परिणाम है। एक कामकाज और संपूर्ण ब्रह्मांड, जहां

संतुलन की हानि नकारात्मक नतीजों के लिए होता है, व्यक्तिगत जिम्मेदारी पूर्ण होना चाहिए। अपनी कमजोरी और शक्ति, शुद्धता और अशुद्धता, अपने लिए नहीं एक और 'एस रहे हैं, और; वे खुद के बारे में लाया जाता है, और और वे केवल उनकी हालत भी अपने ही है अपने आप से बदला जा सकता है, और नहीं एक और आदमी की। उनकी पीड़ा और उसकी खुशी के भीतर से विकसित कर रहे हैं। वह सोचता है, तो वह है, के रूप में वह सोचने के लिए जारी है, इसलिए वह रहता है।

जब तक कि कमजोर मदद की जा करने के लिए तैयार है एक मजबूत व्यक्ति एक कमजोर मदद नहीं कर सकते हैं, और फिर भी कमजोर व्यक्ति अपने खुद के मजबूत हो जाना चाहिए; वह अपने स्वयं के प्रयासों से, ताकत है जो वह किसी अन्य रूप में तारीफ विकसित करना होगा। कोई भी खुद को हम सब लेकिन आत्मनिर्भर खुद को बेहतर बनाने के लिए कर रहे हैं। यह पुरुषों के लिए हमेशा की तरह किया गया है लगता है और कहते हैं, "क्योंकि एक एक अत्याचारी है कई पुरुषों दास हैं;। हमें अत्याचारी से नफरत है" अब, तथापि, वहाँ सेंट के बीच एक बढ़ती हुई कुछ एक इस

फैसले को उलटने के लिए, और कहते हैं, प्रवृत्ति है "एक आदमी एक अत्याचारी है क्योंकि कई दास हैं;। हमें गुलामों को तुच्छ चलो"

सच्चाई यह है कि अत्याचारी और गुलाम, अज्ञानता में सह ऑपरेटरों रहे हैं, और एक दूसरे के दुः ख प्रतीयमान जबकि, खुद को पीड़ित वास्तविकता में हैं। एक संपूर्ण ज्ञान दीन और अत्याचारी का misapplied शक्ति की कमजोरी में कानून की कार्रवाई मानते; एक सही प्यार, दुख, जो दोनों राज्यों करना पड़ेगा, देख रहा है न तो निंदा करता है; एक आदर्श करुणा दोनों अत्याचारी और दीन गले लगाती है।

जो कमजोरी पर विजय प्राप्त की है, और दूर सब स्वार्थी विचारों डाल दिया है वह न तो अत्याचारी और न ही पर अत्याचार के अंतर्गत आता है। उन्होंने कहा कि निः शुल्क है।

एक आदमी केवल वृद्धि को जीत के लिए, और अपने विचारों को ऊपर उठाने के द्वारा प्राप्त कर सकते हैं। वह केवल अपने विचारों को लिफ्ट करने से इनकार करके कमजोर है, और घोर, और दुखी रह सकते हैं।

इससे पहले एक आदमी कुछ भी हासिल कर सकते हैं,

सांसारकि बातों में भी, वह स्लाव पशु भोग ऊपर अपने वचिारों को उठाने चाहएि। उन्होंने कहा कि नहीं, आदेश में सफल होने के लएि, सभी नकारात्मकता और स्वार्थ, कसिी भी तरह से दे सकते हैं; लेकनि इसके बारे में एक हसि्से को, कम से कम, बलदािन कयिा जाना चाहएि। एक आदमी जसिका पहले सोचा था कि वहशी भोग न स्पष्ट रूप से लगता है और न ही वधिपूिर्वक योजना सकता है; वह नहीं मलि सकता है और उसके अव्यक्त संसाधनों का वकिास, और कसिी भी उपक्रम में वफिल हो जाएगा। नहीं manfully अपने वचिारों को नयिंत्रति करने के लएि शुरू कर रहा है, वह एक स्थति मिामलों को नयिंत्रति करने और गंभीर जमि्मेदारयिों को अपनाने की स्थति मिें नहीं है। वह स्वतंत्र रूप से कार्य और अकेले खड़े करने के लएि फटि नहीं है। लेकनि वह केवल वचिार है, जो वह चुनता द्वारा सीमति है।

बौद्धकि उपलब्धयिों खोज ज्ञान के लएि, या सुंदर और जीवन और प्रकृति मिें सच के लएि पवति्रा सोचा के परणिाम हैं। इस तरह की उपलब्धयिों कभी कभी

घमंड और महत्वाकांक्षा के साथ जोड़ा जा सकता है, लेकिन वे उन वशिषताओं का परणिाम नहीं हैं; वे लंबे और कठनि प्रयास के प्राकृतकि परणिाम हैं, और शुद्ध और बेगरज वचिारों की।

आध्यात्मकि उपलब्धयिों पवत्रि आकांक्षाओं की समाप्त करि रहे हैं। जो महान और उदात्त वचिारों की अवधारणा है, जो सब शुद्ध और बेगरज है उस पर बसता में लगातार रहता है वह, के रूप में नश्चिति रूप से सूर्य के रूप में अपने चरम पर है और चंद्रमा अपनी पूर्ण पहुंचता है, बुद्धमािन और चरत्रि में महान हो जाएगा, और एक में वृद्धि प्रभाव और धन्य की स्थति।

अचीवमेंट, जो कुछ भी तरह का, प्रयास का मुकुट, मुकुट सोचा की है। आत्म-नयिंत्रण, संकल्प, शुद्धता, धर्म की सहायता से, और अच्छी तरह से नर्दिेशति सोचा था कि एक आदमी ascends; नकारात्मकता, आलस, अशुद्धता, भ्रष्टाचार, और सोचा था कि एक आदमी उतरता के भ्रम की सहायता से।

एक आदमी आध्यात्मकि क्षेत्र में बुलंद ऊंचाई के लिए दुनयिा में उच्च सफलता के लिए वृद्धि हो सकती है, और यहां तक कि, और फरि, घमंडी स्वार्थी, भ्रष्ट

और विचारों को उसे अपने कब्जे में लेने के लिए अनुमति देकर कमजोरी और wretchedness में उतर।
सही सोचा द्वारा प्राप्त जीत केवल एहतियात द्वारा बनाए रखा जा सकता है। कई तरह जब सफलता का आश्वासन दिया है, और तेजी से विफलता में वापस गिर दे।
सभी उपलब्धियों, व्यापार, बौद्धिक या आध्यात्मिक दुनिया में हैं, निश्चित रूप से निर्देशित सोचा का परिणाम है, एक ही कानून से संचालित हैं और एक ही विधि के हैं कर रहे हैं; फर्क सिर्फ इतना प्राप्त की वस्तु में निहित है।
जो लोग कम से कम प्रयास में डाल करने के लिए चुन कम लाभ इसी उम्मीद कर सकते हैं। जो लोग लगातार आशावाद के साथ आत्म सशक्तिकरण का अभ्यास सुख, स्वास्थ्य, सफलता उत्तर: सभी अच्छाई वे के लिए कामना में वृद्धि का अनुभव होगा।

अध्याय छह

उपलब्धियां कई चरणों में वभिाजति कयिा जा सकता है। क्या शानदार लग सकता है और असंभव प्रतीत होता है अपेक्षाकृत सरल हो जाता है, तो आप कई कदम का उपयोग अपने लक्ष्यों को प्राप्त methodologyto: पहला और सबसे महत्वपूर्ण खुश, देखभाल और प्यार मायनों में उनके बारे में सपने देखते हैं। उत्थान लक्ष्यों जो आप को सार्थक और शायद कुछ हद तक दूसरों के रूप में अच्छी तरह से .Dreams मन के भीतर दायरे से ही शुरू करने के लिए सार्थक कर रहे हैं का सपना है और यह बाहरी बकवास और distractions नीचे शांत अपने मन शांत करने के लिए सबसे अच्छा है और आप कभी कभी भव्य देख सकते हैं अपने जीवन के लिए दृष्टि, महान उद्देश्य है जसिके लिए आप पैदा हुए थे। कि ऊपर का पालन करें अपने अपने लक्ष्यों को प्राप्त करने में सक्षम होने के वशि्वासों के साथ और इस स्तर पर न जाने क्या आपके तर्कसंगत मन कतिना आसान या howdifficult

अपने लक्ष्यों को होने लगते हैं के साथ अपने हाथ में ले, तो एक मुक्त बह लचीला रखने के लिए,। आशावादी मानसकिता। तीसरे चरण के लिए उन्हें materializing और साथ साथ अपने सभी दलि है कि अपने लक्ष्यों को अभी कई खलाड़ियों की तरह संभव हो रहे हैं उनके मन में खुद को देखते हैं 'आंख ड्राइवगि सही है कि स्वगि या उनके खेल को पूरा करने' पूर्णता के साथ दनिचर्या का मानना है देख रहा है। उच्च लक्ष्य उपलब्धयिों के कुछ उदाहरण सोचने के लिए, अपने मानसकि दृष्टि भिर में अपनी वशिषता और पेशे में नोबेल पुरस्कार प्राप्त करने या अपने दुनयिा के सबसे बड़े amphitheaters में एक सेलब्रिटी की तरह प्रदर्शन कर सुपर रॉक स्टार या नर्दिशन अपने परोपकारी संचालन की तरह कुछ भी से लेकर सकता है अपनी असीम संसाधनों या शायद व्यापार के संचालन है कि दुनयिा भर में लाखों लोगों की जरूरतें पूरी करने के साथ अपने 50 अरब $ कारोबारी साम्राज्य को नयिंत्रति करने के साथ दुनयिा। या जो भी आपके हति और जुनून आप के लिए नर्दिश चुनें।

सपने देखने वालों दुनयिा के saviors हैं। के रूप में

दखिाई दुनयिा अदृश्य द्वारा नरिंतर, ऐसा करने के लिए कुछ लोगों को शानदार दृष्टि के माध्यम से शानदार जीवन जीने, जबकि दूसरों को प्रतबिंधति सोच के साथ सांसारकि जीवन यापन के माध्यम से जाना। मानवता सदयिों से अपने सपने देखने वालों पर प्रकाश डाला गया है; यह नहीं होने देंगे उनकी महत्वाकांक्षाएं आदर्शों दुर्बल और मरने यह उन में रहता है, यह उन्हें जानता है के रूप में वे कहते हैं कि हालांकि बुलंद अपने लक्ष्यों को एहसास है कि वे सक्षम हैं और एक दनि उन्हें एहसास होगा। तो अपने लक्ष्यों को लोगों के एक समूह के साथ बंद इन लक्ष्यों को कल्पना, स्पष्ट रूप से अपने मन की आंखों में, अपने आप को देखने के लिए अपने लक्ष्यों को प्राप्त करने, साझा करते हैं। एक बहुत करीबी समूह के साथ साझा करने का कार्य अपनी प्रतबिद्धता और कैसे आप अपनी परयिोजनाओं पर सहन करने के लिए सभी संसाधनों लाएगा पुष्ट। पछिले तीन चरणों की योजना बना रहे हैं, सावधानी से उन पर काम करने और महत्वपूर्ण बात यह पूरी प्रक्रयिा के साथ अपने अनुभवों का आनंद ले रहे।

कवयिों, लेखकों, संगीतकारों, मूर्तकिारों, चत्रिकारों,

कवियों, नबी, संतों के रूप में रचनात्मक लोगों को, दूसरों के बीच के बाद विश्व आर्किटेक्ट स्वर्ग के निर्माता हैं। दुनिया सुंदर समृद्ध है, क्योंकि वे उनके बिना लिए, रहता है, मानवता श्रमिक, एकाकार सुस्त और uncreative होगा।

उन सभी जो उनके दिल में उदात्त, सुंदर सपने, उच्च आदर्शों का मज़ा लेते हैं, एक दिन यह एहसास होगा। बेंजामिन फ्रेंकलिन बिजली और बिजली के बीच के संबंध को बढ़ावा और इस प्रकार यह पता चला; राइट बंधुओं एक मशीन है कि उड़ सकता visioned और सुरक्षित रूप से उड़ान भरने के लिए पहला विमान बना दिया। बुद्ध (प्रबुद्ध) प्राचीन सुंदरता और पूर्ण शांति का एक आध्यात्मिक दुनिया की दृष्टि आयोजित किया है, और वह ज्ञान के राज्य में प्रवेश किया।

अपने सपने संजोना; अपने आदर्शों का मज़ा लेते हैं; के रूप में लंबे समय के संगीत है कि अपने दिल में stirs, सौंदर्य है कि आपके मन में रूपों, lperfection कि अपने शुद्ध विचारों को आकार, उनमें से बाहर के लिए सभी शर्तों शानदार बढ़ेगा, वास्तव में दिव्य माहौल और एक दुनिया चमक और सुंदरता का पूरा मज़ा लेते हैं

आप के रूप में अपने वचिारों को शुद्ध करने के लिए सही रहते हैं।

इच्छा को प्राप्त करने के लिए है; कामना के लिए, को प्राप्त है।

शास्त्रों उत्थान के कार्यों में इन ने कहा है: "पूछो और आप प्राप्त करेंगे, क्योंकि जो कोई मांगता दस्तक और यह तुमको करने के लिए खोला जाएगा प्राप्त करने के लिए शोध और आप मलि जायेगा तुम्हें कुछ नहीं मना कर दयिा जाएगा।।" (शास्त्र)।

valuesof आत्मा की दया अच्छी तरह से परभिाषति कयिा गया है। समान रूप से परभिाषति पद्धति, सपना देख वशि्वास है, की अवधारणा, योजना, काम कर रहा है और इस प्रक्रयिा का आनंद ले के अनुक्रमकि चरणों के पछिले भाग में परभिाषति करने में सक्रयि होने के पुरस्कार हैं। सरि्फ भव्य और गौरवशाली नहीं, लेकनि कहाँ और कैसे हम हमारे जीवन बतिाना चाहते हैं बेहतर जीने के लिए भी उतना ही प्रासंगकि के लिए पत्थर कदम का एक अद्भुत श्रृंखला।

मनुष्य की इच्छाओं basest संतुष्टि का पूरा उपाय के प्राप्त करेगा, और अपने शुद्ध आकांक्षाओं जीविका की कमी के लिए भूखा? इस तरह के कानून नहीं है: चीजों की ऐसी हालत कभी नहीं प्राप्त कर सकते हैं: "। पूछने के लिए और प्राप्त"

बुलंद सपने सपना, और जैसा कि तुम सपना है, तो आप हो जाएंगे। आपकी दृष्टि में आप क्या एक दिन ठहरेंगे का वादा है; अपने आदर्श क्या तुम पर पिछले अनावरण करेगा की भविष्यवाणी है।

सभी महान उपलब्धि पहली बार में और कुछ समय सिर्फ सपने के लिए था। ओक बलूत में सोता है; अंडे में पक्षी इंतजार कर रहा है; और आत्मा की सर्वोच्च दृष्टि में एक जागने एंजेल stirs। ड्रीम्स वास्तविकताओं की पौध हैं।

कठिन गरीबी और श्रम द्वारा दबाया; एक अस्वास्थ्यकर कार्यशाला में लंबे समय तक ही सीमित; अशिक्षित, और शोधन के सभी कला कमी। लेकिन वह बेहतर चीजों के सपने; वह बुद्धि की सोचता है, शोधन के, अनुग्रह और सुंदरता की। वह

समझ जाएगी, मानसकि, जीवन का एक आदर्श स्थिति को मजबूत बनाता है; एक व्यापक स्वतंत्रता और एक बड़ा गुंजाइश की दृष्टि उसे का कब्जा लेता है; अशांति कार्रवाई करने के लिए उसे आग्रह, और वह अपने अव्यक्त शक्तियों और संसाधनों के विकास के लिए वे कर रहे हैं, हालांकि छोटे सभी को अपने खाली समय का इस्तेमाल करता है और इसका मतलब है,। बहुत जल्द ही इतनी बदल उनके मन हो गया है कि कार्यशाला अब उसे पकड़ कर सकते हैं। यह तो उसकी मानसकिता के साथ सद्भाव है कि यिह उनके जीवन से बाहर हो जाता के रूप में एक कपड़ा के अवसरों, जो अपने विस्तार हो शक्तियों के दायरे से फटि के विकास के साथ टालना है, और, से बाहर हो गया है, वह हमेशा के लिए इसे से बाहर गुजरता है। साल बाद हम एक पूर्ण विकसित आदमी के रूप में इस युवा देखते हैं। हम उसे मन है, जो वह दुनिया भर में प्रभाव और लगभग अप्रतिम शक्ति के साथ wields के कुछ बलों के एक मास्टर पाते हैं। उसके हाथ में वह विशाल जिम्मेदारियों की डोरियों रखती है; वह बोलता है, और लो, जीवन को बदल रहे हैं; पुरुषों और महिलाओं को अपने शब्दों पर लटका और उनके पात्रों remold,

और, के वपिरीत, वह नश्चिति और चमकदार केंद्र दौर जो असंख्य नयिंत घूमना हो जाता है। उन्होंने अपनी जवानी के वजिन का एहसास हो गया। वह अपने आदर्श के साथ एक बन गया है।

और तुम भी, युवा पाठक, अपने दलि की दृष्ट नहीं है (नष्क्रिय इच्छा), एहसास होना यह आधार या सुंदर, या दोनों के एक मश्रिण आप हमेशा जो क आप, चुपके से, सबसे प्रेम की ओर झुकना होगा के लिए होगा। अपने हाथ में अपने स्वयं के वचिारों की सटीक परणािम रखा जाएगा; आपको लगता है क जो आप कमा प्राप्त होगा; न आधकि न कम। जो कुछ भी अपने वर्तमान माहौल में हो सकता है, आप गरि रहते हैं, या अपने वचिारों, अपनी दृष्ट, अपने आदर्श के साथ वृद्ध होगी। आप अपने को नयिंत्रति करने की इच्छा के रूप में छोटे हो जाते हैं; अपने प्रमुख आकांक्षा के रूप में के रूप में महान: स्टैंटन कर्कि हैम डेवसि की सुंदर शब्दों में, "आप खातों में रखते हुए कयिा जा सकता है, और इस समय आप इतने लंबे समय के लिए आप अपने आदर्शों की बाधा लग रहा है के लिए दरवाजे से बाहर है क चिलेगा और मलि जायेगा अपने आप को एक दर्शकों के सामने -। अपने कान,

अपनी उंगलियों पर स्याही के धब्बे और फिर पीछे और वहाँ से बाहर अपनी प्रेरणा की धार डाले तुम भेड़ चला जा सकता है, और आप शहर ग्राम्य और खुले करने के लिए भटकना होगा अभी भी कलम मुँह; गुरु के स्टूडियो में आत्मा की निडर मार्गदर्शन में भटकना होगा, और एक समय के बाद वह कहेगा, 'मैं तुम्हें सिखाने के लिए ज्यादा कुछ नहीं है।' और अब आप गुरु, जो हाल ही में इतने बड़े बड़े काम करने का सपना था, जबकि भेड़ चला। तुम्हें देखा था और विमान अपने आप पर दुनिया के उत्थान लेने के लिए नीचे रखे बन गए हैं। "

अल्हड़, अज्ञानी, और अकर्मण्य, केवल बातों का स्पष्ट प्रभाव और नहीं बातें खुद, किस्मत की बात करते हैं, भाग्य की, ओ अंधेरे और heartaches पता नहीं देखकर; वे केवल प्रकाश और खुशी देखते हैं, और यह 'लक' कहते हैं। वे लंबे और कठिन यात्रा नहीं दिखि रहा है, लेकिन केवल सुखद लक्ष्य निहारना, और यह "अच्छी किस्मत," कॉल प्रक्रिया समझ में नहीं आता है, लेकिन केवल परिणाम मानता है, और यह मौका कहते हैं।

सभी मानवीय मामलों में प्रयास कर रहे हैं, और वहाँ

परिणाम हैं, और प्रयास की ताकत परिणाम का उपाय है। मौका नहीं है। उपहार, शक्तियों, सामग्री, बौद्धिक और आध्यात्मिक संपत्ति के प्रयास का फल हैं; वे पूरा विचारों, वस्तुओं पूरा एहसास दर्शन कर रहे हैं।

सपना है कि आप अपने मन में महिमा, आदर्श है कि आप अपने दिल में सिंहासनारूढ़ - यह आप के द्वारा अपने जीवन का निर्माण होगा, यह तुम हो जाएगा।

अध्याय सात

मन, शरीर और आत्मा की शांति के लिए मानव
विकास, सद्भाव और पूर्ति के लिए आधार है।
बातचीत की और कई वैज्ञानिकों, प्रचारकों, "जीवन-
डिब्बे,: कानून के- आकर्षण शिक्षकों" के साथ साझा
जानकारी होने और आत्म सुधार गुरु, मौलिक
सिद्धांतों सभी विशेषज्ञों के साथ संगत कर रहे हैं कि
सबसे पहले हमारे होश प्रयासों, प्रथाओं और आदतों
के माध्यम से, हम इसलिए हमारे उच्च मन को पुन:
सक्रिय कर सकते हैं और है कि दूसरी बात वहाँ
पर्याप्त अवसर हर जगह हैं ज्यादातर लोगों के मन के
अपने शांत राज्य को बनाए रखने और करने के लिए है
कि निर्मल मन, शरीर तक पहुँचने की प्रक्रिया,
भावना सद्भाव अलग-अलग स्थितियों और
परिस्थितियों की परवाह किए बिना पहुँच से बाहर है

और सही मायने में सार्थक है। ये लगातार और धैर्य से आंतरिक भावनाओं और बाहरी उत्तेजनाओं के सभी प्रकार के आत्म नियंत्रण और शांत resonses अभ्यास के परिणाम हैं। इस तरह की शांति एक संकेत ofdaily, शांत अनुभव है, और विचार प्रक्रिया और कुल मन, शरीर, आत्मा सद्भाव के लिए एक उन्नत जोखिम है। एक बहुत ही सरल तरीके से दिन के दौरान एक बार कुछ को थामने के लिए, हमारे श्वास के प्रति सचेत हो जाते हैं, तो कुछ ही मिनिटों में जो कुछ भी चल रहा है से हर बार दूर पाने के लिए और लंबी, गहरी साँस ले रही है और मुंह के माध्यम से धीरे-धीरे exhaling, जिससे आनंद ले रहे हैं पर ध्यान केंद्रित है ऊर्जा, संतुलन और उन कुछ मिनिट के लिए शांत की भीड़। के रूप में दोहराएँ और जब आप आवश्यक लग रहा है। इसके अलावा, प्रकृति की शांति की सराहना करने के लिए आसान के रूप में फूल जो आपको एक घास पैच या बाहर के अन्तर का उपयोग कर सकते हैं के रूप में आम जगह वस्तुओं को खोजने के लिए अभी तक दैनिक अनुसूचित गतिविधियों से दूर होने का एक और दिनचर्या की कोशिश और फिर सुंदरता में ले और सभी अपने होश और खुशी, कायाकल्प और ताजगी के

उन भावनाओं कि प्रकृति के करीब रखने से आप में प्रवाह के स्वागत के साथ प्रकृति की पूर्णता।

लोग खोजने के लिए और ध्यान, चलने के रूप में अन्य तरीकों, एक झपकी लेना, योग या एक शरीर कसरत और जो कभी भी तरह से आप चुनते हैं, आप एक शांत, स्वस्थ, खुश मन की स्थिति में होने का कई लाभ का अनुभव होगा लेने में अनुभव शांति सिकते हैं। आप इस हद तक कि आप एक संतुलित, रचना इंसान के रूप में अपने आप को समझने के लिए शांत हो जाते हैं। ज्ञान मुख्य रूप से इस तरह के ज्ञान निर्देशित सोच के परिणाम के रूप में दूसरों की समझ के साथ आता है, और आप सही समझ विकसित करने, और अधिक से अधिक स्पष्ट रूप से घटनाओं के सतत बातचीत को देखने के कारण की कार्रवाई से और प्रभाव के रूप में आप, तनाव चिंता हार क्योंकि और नकारात्मकता और बदले में तैयार रहते हैं, शांत और संतुलित है कि शरीर, मन के बीच पूर्ण सामंजस्य का राज्य है और भावना शांति पर ध्यान केंद्रित रखने के लिए और आप सद्भाव और प्राकृतिक आनंद के लिए आदर्श है कि राज्य में लगातार रहना होगा।

शांत व्यक्ति है, कैसे खुद को नियंत्रति करने के लिए सीखा है / खुद को, कैसे दूसरों के लिए अनुकूल करने के लिए जानता है; और वे, बारी में, अपने आध्यात्मिक शक्ति श्रद्धा, और लगता है कि वे पर भरोसा करते हैं और इस तरह के लोगों को और अधिक आराम से एक व्यक्ति बन जाता सम्मान कर सकते हैं, अधिक से अधिक उनकी सफलता, अपने प्रभाव, अच्छे के लिए अपनी शक्ति है। यहाँ तक कि साधारण व्यापारी लोगों को हमेशा एक आदमी जिसका आचरण जोरदार हमवार है के साथ सौदा करने के लिए पसंद करेंगे के लिए, के रूप में वह एक बड़ा आत्म नियंत्रण और धैर्य विकसित करता है अपने व्यापार समृद्धि बढ़ाने मिलेगा।

मजबूत, शांत लोगों को हमेशा प्यार करता था और श्रद्धेय हैं। वे सूखी क्षेत्रों या तूफान में पनाह चट्टानों पर छाया देने के पेड़ की तरह हैं। "कौन एक शांत दिल से प्यार नहीं करता, एक मधुर स्वभाव, संतुलित जीवन? इससे कोई फर्क नहीं पड़ता कि यह बारिश या चमकता है, या क्या परिवर्तन, इन आशीर्वाद रखने उन लोगों के लिए आते हैं वे हमेशा से रहे हैं, तो मीठा शांत, और शांत। यही कारण है कि

उत्तम चरत्रि है, जो हम शांत फिोन की शष्टिता संस्कृत किा अंतमि सबक, आत्मा के चरत्रि का है। यह ज्ञान के रूप में बहुत ही उच्च मूल्य, हीरे की तुलना में अधकि वांछति होने के लिए है और अधकि से अधकि भी ठीक हीरे की कल्पना। कैसे बेकार मात्र पैसा संचय करता है जीवन --a एक आनंदति, शांत जीवन शैली है कि शांति के सागर में बसता है, लहरों के नीचे, तूफान की पहुंच से परे के साथ तुलना में देखो, वशिाल, अगाध शांत में!

"कतिने लोगों को हम जानते हैं, जो उनके जीवन, जो कि सभी कीमती और हसिक व्यवहार जो चरत्रि की अपनी शष्टिता नकारना, और बुरे रक्त बनाने से उत्तम है को नष्ट खराब! यह एक सवाल है कि क्या लोगों के महान बहुमत उनके जीवन को नष्ट नहीं है और है आत्म-नयिंत्रण की कमी से उनकी खुशी को खराब यह;। हमेशा जो लोग तैयार कर रहे हैं, सामंजस्यपूर्ण, जो कि अति सुंदर चमक जो अच्छी तरह से -rounded व्यक्तत्वि का प्रतबिंबि है को पूरा करने के रमणीय है!

आप अपने जीवन में परविर्तन करना चाहते हैं, तो आप कारणों को ध्यान देना चाहिए, और कारणों लगभग हमेशा जसि तरह से आप अपने दमिाग का उपयोग कर रहे हैं - जसि तरह से आप सोच रहे हैं। आप एक ही समय में सोच भी नहीं सकते दोनों नकारात्मक और सकारात्मक वचिार। एक या एक से दूसरे पर हावी होगा। मन आदत की गुलाम है, तो यह सुनश्चिति करें कि सकारात्मक भावनाओं और वचिारों को अपने मन में हावी प्रभाव में शामलि करने के लिए प्रत्येक व्यक्ति की जम्मिेदारी बन जाती है।

आदेश में बाह्य परस्थितियिों को बदलने के लिए, आप पहली बार आंतरकि परविर्तन करना होगा। अधकिांश लोगों को इस कदम न आना। वे उन शर्तों पर सीधे काम करके बाह्य परस्थितियिों को बदलने की कोशशि। यह हमेशा व्यर्थ, या कम से सबसे अच्छा अस्थायी साबति होता है, जब तक कि यिह वचिारों और वश्विासों का एक परविर्तन के साथ है।

इस सच्चाई को जागरण, एक बेहतर, अधकि सफल जीवन के लिए रास्ता क्रस्टिल स्पष्ट हो जाता है। सफलता, सुख, स्वास्थ्य, समृद्धि के वचिारों को सोचने के लिए अपने चेतन मन ट्रेन, और भय और

चिंता के रूप में नकारात्मकता इस तरह के बाहर साफ़ करने के लिए। अपने चेतन मन सर्वोत्तम की उम्मीद के साथ व्यस्त रखें, और यकीन है कि विचार आप आदतन लगता है कि क्या आप अपने जीवन में क्या देखना चाहते हैं पर आधारित कर रहे हैं।

जल आकार जो कुछ के कंटेनर यह मानती है, चाहे वह एक गिलास, एक फूलदान या एक नदी किनारे में हो लेता है। इसी तरह, अपने मन बना सकते हैं और छवियों को आप आदतन अपने दैनिक सोच में के बारे में सोचने के अनुसार प्रकट होगा। यह कैसे अपने भाग्य को बनाया है। एक नया जीवन नए विचारों द्वारा बनाई गई है।

हम बहुत प्रेम, ज्ञान और समझ है कि हम आप के साथ, प्राप्त किया है साझा करने के लिए असीमित अवसर पर यहाँ के लिए आभारी होना है। एक साथ हम पूरी दुनिया पर एक सकारात्मक प्रभाव बना सकते हैं।

जब हम अपने आप को पता है, हम जानते हैं कि अस्तित्व में सब कुछ प्यार ऊर्जा के माध्यम से

समझदारी से व्यक्त करते है। हम जानते हैं कि कर रहे हैं और तो हर कोई और सब कुछ है। अलगाव ही रूप में है। हम अलग अलग रूपों में प्रकट ऊर्जा देखें। इन रूपों सोचा द्वारा बनाई गई हैं। हम मानते हैं कि हम अलग कर रहे हैं क्योंकि हम अपने पूर्णता की जानकारी नहीं है।

इस जागरूकता और अनुभव के सभी हमारे दिमाग सही क्षमताओं के विकास के माध्यम से हमारे पास उपलब्ध है। जब हम तनाव जारी है और मजबूत बनाने के लिए या हमारे नर्वस सिस्टम को परिष्कृत करने के लिए एक प्रक्रिया के साथ काम करने के लिए शुरू, हमें पता चलता है कि हम कौन हैं एक गहरे स्तर पर है और जल्द ही पूर्णता है कि हम सब और अस्तित्व में सब कुछ शामिल है में पता करने के लिए शुरू करने के लिए शुरू। जब ऐसा होता है कि हम समझते हैं कि जीवन के सभी पहलुओं को प्रकृति के नियमों या जीवन के सिद्धांतों द्वारा नियंत्रित कर रहे हैं शुरू करते हैं, और हम इन सिद्धांतों हैं देखने के लिए शुरू, और वे कैसे काम करते हैं। इस बिंदु पर हम कामकाज का एक और अधिक उन्नत स्तर में ले जाते हैं, और पता चलता है कि हम अपने भीतर की शक्ति को सही

सकारात्मक सोच, आशावाद की शक्ति Gautam Sharma

बनाने के लिए जो कुछ भी हम का चयन किया है।

अध्याय आठ

यहाँ दी खुद को सशक्त बनाने के लिए एक पद्धति है।
ये जहां आप अभी भी अधिक है, को पूरा जीने का
खुशहाल राज्यों चेतना के उच्च स्तर तक अपने
दिमाग को सक्रिय करने के लिए इन सरल तकनीक का
उपयोग करने से सुधार के लिए तरीके हैं:

ए। ब्रह्मांड पर भरोसा है। और सबसे पहले, अपने
आप को याद दिलाना ofand उच्च ऊर्जा और
ब्रह्मांड के अधिक से अधिक अच्छे स्वीकार करने के
लिए अपने आप संकल्प लें। हम सभी को सही मायने में
मानव रूपों में रहने वाले आध्यात्मिक प्राणी हैं और
ब्रह्मांड पर भरोसा करने से हम अपने आप को याद
दिलाना है कि हम सुरक्षित और अच्छी तरह से कर
रहे हैं और विश्वास है कि ब्रह्मांड प्रदान करेगा

आश्वासन है कि हम यहाँ कर रहे हैं और आगे कुछ जीवन भर के लक्ष्यों है। हम प्रकृति के सभी संसाधनों का उपयोग करना है और हम कर रहे हैं everyway.Life में पूरा अच्छी तरह से रहते हो और आंतरिक विश्वास, आशावाद और हमारे प्रयासों यह तो सुनिश्चित होती है।

ख। रिलीज नकारात्मकता: internalize और दिन के दौरान नियमित अंतराल पर इस बयान दोहराने: "। मैं उन्हें प्यार से लपेटकर और उन्हें दे दूर, दूर, बहुत दूर शून्य में नाव से मेरी चेतना में सभी नकारात्मक पैटर्न को रिहा करने के लिए तैयार हूँ मैं Positiv रखने के लिए और" मैं हर समय सभी अच्छाई विकीर्ण "

सी। माफ कर दो: माफी की प्रक्रिया अतीत के चलते और वर्तमान में आने से शामिल किया गया है। क्षमा भी हमारे स्वयं के साथ शांति बना रही है, यह है कि हम पर आयोजित किया है चोट लगी है और न्याय के सभी नकारात्मक पैटर्न जारी है। और दुनिया के साथ शांति जा रहा है। सेट अपने आप को, शांत शांत और शक्तिशाली, सकारात्मक ऊर्जा के साथ सक्रिनाइज़ किया जा रहा है।

इसके लिए नियमित रूप से दोहराने के सरल अभ्यास प्रयास करें: "मैं अपने आप को और सब लोग समय और अंतरिक्ष के सभी आयामों में सब कुछ के लिए माफ कर दो"। सभी दूसरों को भी हर समय और अंतरिक्ष में सब कुछ के लिए मुझे माफ कर दो। मैं जारी रहा, स्वतंत्र और शांति में। मेरे अस्तित्व शांतपूर्ण "अपने आप को आराम से, सशक्त और फिर से सक्रिय लग रहा है।

घ

हम सभी सामान्य रूप से हमारे शौक और अवकाश गतिविधियों है कि हम अग्रणी परिपूर्ण हमारा प्राथमिक उद्देश्य की दृष्टि खो साथ, घर पर हमारे व्यक्तिगत नियमित गतिविधियों के साथ शामिल हो काम पर रहता है .इस को सही करने के लायक है। अपनी प्राथमिकताओं को स्पष्ट रूप से हेम बाहर सेट के बारे में सोचते हैं और अपने इरादों पर ध्यान

केंद्रति।

दैनकि दैनकि उपयोग के कई बार के लिए affirmations बाहर की स्थापना के साथ शुरू, सकारात्मक इरादों का affirmations के बारे में सोचना: मेरा परविार और मैं स्वास्थ्य, खुशी, सफलता और जीवन में सभी अच्छी चीजों की बहुतायत प्राप्त कर रहे हैं अब ठीक है और हर समय के लिए।

ई। सही श्वास

श्वास हमारे जीवन शक्ति है। । Rhythemic, नयिंत्रति, गहरी साँस लेने सचमुच जीवन ऊर्जा हमारे शरीर के हर सेल और हमारे होने का ससि्टम vitalizing भर चलता रहता है। हमारी सांस के बारे में जागरूकता को फायदा हो रहा है और इसे नयिंत्रति करने के लिए सीखने के द्वारा, हम हमारे शारीरकि, मानसकि और आध्यात्मकि स्थिति को नयिंत्रति कर सकते हैं। थामने के लिए और आंदोलन और सांस की तर्ज भावना। हमारे समग्र भलाई को नयिंत्रति श्वास की उपयोगिता का एहसास। जब जीवन तनावपूर्ण लगता है और हम नयिंत्रण से बाहर लग

रहा है, हम अपनी सांस को शांत कर सकते हैं। यह धीरे और यह गहरा। कई बार एक दनि, समय नाक के माध्यम से गहरी साँस लेने में, एक मनिट के लिए पकड़ रहा है और मुंह के माध्यम से बाहर सांस के द्वारा सुखद, नयिंत्रति श्वास के लिए कुछ मनिट के लिए बंद कर ले।

ई। याद करते हैं और अपनी उपलब्धयिों पर ध्यान केन्द्रति करना

अपने strengths.Write downpersonal उपलब्धयिों, परविार उपलब्धयिों, workorin समाज में उन लोगों के लक्ष्यों को आप से मुलाकात की है, चीजों को आप अच्छी तरह से कयिा है, और जगहों पर आप का दौरा कयिा है लसि्टगि के द्वारा सकारात्मक खोजने के लिए अपने मन को प्रशक्षिति।

अक्सर हम समय बतिाने के बजाय क्या क्या सही है पर ध्यान केंद्रति करने के लिए हमारे जीवन में सही नहीं है के बारे में सोच रही है।

इसलिए सकारात्मक चीजें हैं जो आप अच्छी तरह से कयिा है आज तक अपने अच्छे अनुभवों andall के लिए

स्वचि। याद रखें सुनहरा कानून: आप वसि्तार पर ध्यान केंद्रति है, तो अपने वचिारों को जीवन में अच्छी बातें करने के लिए वापस लाने के लिए।

यह repition लायक है कि आप ध्यान, ध्यान केंद्रति है, केवल बातें आपको लगता है कि आप सही कयिा है, और आप जो कर रहे हैं के रूप में सभी सकारात्मक सब है कि आप के बारे में सोच पर ध्यान केंद्रति। बस सभी के साथ ही जा रहा है कि क्या सही है रखने के लिए और आप सही अधकिारों आप सोच सकते हैं की बड़ी संख्या से चकति हो जाएगा।

वर्तमान में f.Live। अतीत के सभी सही चीजों पर डेरा बीत रहा है, लगता है कि आप यहां हैं और सब कुछ है कि क्या इस वर्तमान क्षण हो रहा है। इससे भी महत्वपूर्ण बात ourtomorrows और वर्तमान में हमारे वचिारों द्वारा बनाई गई हैं, यहीं है और now-तो यह हमारे वर्तमान क्षण पर मुख्य फोकस है, सभी बहुतायत हम है के लिए आभारी होना है कि हिम प्यार करते हैं, प्यारा और प्यार क्योंकि हिम मौजूद हैं। यह

एक गौरवशाली क्षण है और हमारे भविष्य के विकिरिणपूर्वक पूरी हो जाती है

सबसे अच्छा समय है कि हम क्या चाहते हैं की दिशा में काम करने के लिए है जब विचार हमारे दिमाग में ताजा हैं और प्रेरणा मजबूत है हमें आगे बढ़ने के लिए। वर्तमान में जीएं। , तो आज इसे करते हैं। अब यह मत करो। "यहीं है और अब अच्छी तरह से और सही क्रम में है कि सभी की पुष्टि करके, आप क्या आप बेहतर, पूरी रहने वाले आनंद लेने के लिए पुष्टि कर रहे हैं की पूर्णता की है कि बहुत भावना पैदा कर रहे हैं। अपने मन की वैराग्य में सकारात्मक affirmations दोहरा या जोर से मन, शरीर, आत्मा पूर्ति के लिए एक बहुत शक्तिशाली नुस्खा है।

वास्तव में aort ,. सफल वास्तविकता अभिव्यक्ति के लिए "कोल" (कम से कम) के दो तत्व शामिल हैं:

1. वशि्वास या मंशा, केन का स्पष्ट बयान या एक सकारात्मक रास्ते में आयोजति .... एक करके तुरंत बाद

स्रोत के हाथों में परणिाम की 2. पूरा रहिाई।

एक व्यक्त या तो कुछ नहीं से बाहर उसके या उसकी दुनयिा को प्रकट नहीं होता है, आप में से प्रत्येक, * सब कुछ से अपने व्यक्तगित वास्तवकिता रूपों * जो तुम सब के आसपास मौजूद है। क्रम में कुछ शारीरकि बनाने के लएि, आप बस इस पर ध्यान देते हैं ..... (जो कंपन यह जमना के लएि पर्याप्त के लएि नीचे धीमा कर देती है), और फरि आप सब कुछ है क वहाँ की Mouthe जागरूकता ब्लॉक करने के लएि इसके चारों ओर अवधारणात्मक पर्दा स्थापति करें। यह एक घोड़े पर blinders डालने की अपनी खुद की अवधारणात्मक बराबर है।

आप ध्यान केंद्रति करने की अपनी प्रक्रयिा शुरू हो, आप स्पष्ट रूप से पता होना चाहएि क कैसे अपने मन की रचनात्मक तत्व काम करता है। क्योंक अब आप एक रेखीय वास्तवकिता आधार के भीतर काम कर रहे

हैं टी वह स्पष्टीकरण हम आप के लिए अब करने जा रहे हैं, एक रेखीय एक है। कृपया पता है कि आप सत्ता आदेश या किसी भी समय इस प्रक्रिया के नियिमों को बदलना होगा।

आपका सकारात्मक बयान है, खासकर जब सच की इच्छा और जुनून के साथ, जैसे भगवान आप सब कुछ आप हमेशा के लिए इच्छा सकता है प्रदान कर रहे हैं। के रूप में है, अनुभव का परीक्षण और शोध किया गया। अपने विश्वासों, की घोषणाओं के माध्यम से नहीं वास्तविकता बन सकता है और वहाँ के लिए क्या असली है और क्या कुछ समय पहले एक सपना था दोनों के बीच कोई diffrention है "क्या है की अपनी खुद की घोषणाओं के माध्यम से Divinitydoes इस * क्या नहीं है ।

इसलिए, जब एक व्यक्ति को वाणी है, खुद के भीतर: मैं नहीं चाहता कि धूम्रपान करने के लिए चाहते हैं "आज गुस्सा होने के लिए नहीं जा रहा हूँ," ई रचनात्मक प्रकट मन सुनता (और के लिए जवाब है)

उन बयानों की एक सकारात्मक संस्करण। क्या इसे सुनता है: "मैं धूम्रपान करने के लिए चाहते हैं," और "मैं आज गुस्सा होने के लिए जा रहा हूँ।"

तुम्हें पता होना चाहिए कि भौतिक वास्तविकता ध्यान केंद्रित करने से बनाई गई है। च आप लगातार नहीं तुम * नहीं चाहते क्या पर ध्यान केंद्रित कर रहे हैं "और क्या आप चाहते हैं * पर, अपने अभिव्यक्ति बिजली खाट करते हैं जाएगा एक कॉल को प्रकट करने का विषय है और बीच में स्थिति है में है कि ध्यान का पालन करें। शक्ति का केंद्र वांछित (या घोषित) कार्रवाई या परिणाम वह कमांड खड़ी है और अपने प्रिटिर में प्राथमिकता के आधार पर कर रहे हैं, ई कारकों निम्निलखिति के अनुसार।:

आत्म है कि आदेश कर रही है की "स्तर" (nnore का विस्तार आप के पहलुओं सबसे रसूख जब यह अपनी अभिव्यक्तियों को आदेश देने की बात आती मिलि)

2. इच्छा, तीव्रता, और स्पष्टता घोषणा के पीछे।

रचनात्मक तंत्र को commacresentation की 3.th E

क्रम में।

जाहिर इच्छा के एक बयान कर रही है और इरादे के एक व्यक्ति के अस्तित्व के "वास्तविकता बुलबुले" में एक ऊर्जा क्षेत्र प्रभाव छोड़ता है। यह रजिस्टरों, चाहे व्यक्ति इसके बारे में है या नहीं के बारे में पता है। आदेश में पेश किया जाता है। जब तक एक "रद्द करने के आदेश" यह बाद में नहीं भेज दिया जाता है, रचनात्मक तंत्र (आंतरिक खोज इंजन) के परिणाम और विकल्प collating ommand मिलना शुरू हो जाएगा।

एक आदेश जगह करने के लिए, और फिर चिंता करने के बारे में यह अपने रचनात्मक क्षमता में संदेह के एक दृष्टिकोण पैदा करता है। यह नीचे बैठे 20 लोगों को अपनी हर काटने देखने के साथ खाने के लिए की तरह है। थोड़ी देर के बाद, आप अपने गले में एक गांठ पाने

के लिए शुरू करते हैं।

वशि्वास करते हैं और सबसे अच्छी उम्मीद है और ब्रह्मांड (शास्त्र से) अपने लक्ष्यों, सपनों और इच्छाओं को अमल में लाना होगा
आशावाद, आशा और वशि्वास चमत्कार (वेदों से अनुवाद) प्रकट कर सकते हैं
के रूप में जल्दी से ग्रंथों और वेदों के रूप में दुनयिा भर में शीर्ष संस्थानों, नषि्कर्ष और लेखन सार्वभौमकि सच्चाई की पुष्टि पर हाल के शोध के कभी लगातार बना रहता है "अपने वचिारों को अपनी दुनयिा को आकार और कहा कि आशावाद खुशी के लिए सबसे महत्वपूर्ण है। इसके अलावा, आशावाद सबसे अच्छा कौशल और सभी सफल लोगों की आदत है। सोचा था कि सत्ता अपनी वास्तवकिता बनाने के लिए महत्वपूर्ण है। अपने वचिारों को पूरी तरह से अपने जीवन और अपनी experiences.- बनाने के लिए न सरि्फ आंशकि रूप से लेकनि ठीक है और पूरी तरह से। आपका जीवन क्या आप अपने वचिारों के साथ यह करना है।

सब कुछ आप भौतकि दुनयिा में देखती है अपने वचिारों और वश्विासों के अदृश्य, भीतर की दुनयिा में अपने मूल है। अपने भाग्य के मालकि बनने के लएि, आप अपने प्रमुख, अभ्यस्त वचिारों की प्रकृत िको नयिंत्रति करने के लएि सीखना चाहएि। ऐसा करके, आप अपने जीवन के सभी आप क्या इरादा है और अनुभव करने के लएि में आकर्षति करने के लएि सक्षम हो जाएगा। सकारात्मक सोच की शक्त िआप कुछ भी हासलि करने के लएि एक बार जब आप सच्चाई यह है क िअपने वचिारों को अभी और हर समय के लएि अपने reality.- बनाने स्वीकार करने के लएि आने में मदद कर सकते हैं। आप पूरी तरह से अपने खुद के वास्तवकिताओं के रचनाकारों, हर बार कर रहे हैं और सभी परस्थितियिों आप के तले अपने वचिारों, भावनाओं और वश्विासों के साथ अपने जीवन को आकार। पहली नज़र में ऊपर, अप्रासंगकि नरिाधार या अकल्पनीय लग सकता है क्योंक िआप तुरंत घटनाओं है क िअपने नयिंत्रण से बाहर होने लगते हैं करने के लएि बात कर सकते हैं: अपने जन्म

परसि्थतियिों, कुछ बीमारयिों, कुछ दुर्घटनाओं, अपने उत्पीड़कों, और कहा कि भूकंप या तूफान है कि इतने सारे मार डाला। और नशि्चति रूप से आप केवल हमारे वर्तमान या हाल ही में होश में वचिार करें, तो सबसे पहले सच तो यह शुरू में लग सकता है तर्कहीन गनिती करने के लएि थे। कोई भी खुद के लएि कहते हैं, "मुझे लगता है कि यह समय मैं, नुकसान पहुंचाया गया गड़बड़ या धोखा दयिा है।"

तो मुझे और अधकि सही यह सार्वभौमकि सत्य को परभिाषति करते हैं। ज्यादातर अवचेतन में जन्म से पहले के स्तर से शुरू करने और फरि वचिारों, भावनाओं और वशि्वास है कि एक बार थे अवचेतन -आप उन सब को बनाया संचति प्रतमिान की शहः हर घटना, वसि्तार और अपने जीवन का अतसिूक्ष्म अंतर।

ध्यान रखें कि आप महान चेतना का एक हसि्सा बन रहे हैं। आप ब्रह्मांड का एक टुकड़ा है और आप अपने पूर्णता है कि आपके मानसकि रोमांच असली हो सकता है भूल जाते हैं। जसि दनि तुम इस सच्चाई रहते हैं और अपने वचिारों के प्रतसिचेत नयिंत्रण लेने के दनि आप अपने स्वतंत्रता की घोषणा और जीवन की

अपनी महारत शुरू है।

सच तो यह है कि ऊपर ब्रह्मांड के मूल इमारत ब्लॉकों के लिए शकिार, आधुनकि वज्ञिान और तत्वमीमांसा .Modern वैज्ञानकिों के कानूनों तारीफ अन्य कानूनों की खोज कर रहे हैं। यहाँ एक है: दोनों अस्तत्वि और subatomic कणों के व्यवहार क्या वैज्ञानकि के दमिाग में चल रहा है पर नर्भिर करते हैं "। हां, तुमने उसे ठीक पढ़ा। यह एक छापे की ग़लती नहीं है और यह फ्रजि वज्ञिान नहीं है; इसे कई बार दोहराया गया है। नहितिार्थ चौंकाने वाली हैं। जैसा कि एक वज्ञिान शोधकर्ता इसे रखा, "भौतकिवदिों इन दनिों अप्रयुक्त सीमाओं की खोज कर रहे हैं।"
पारंपरकि वज्ञिान मानता है कि चेतना भौतकि वस्तुओं से उठता है। मीमांसा कहा गया है कि रविर्स भी सच है, जो एशयिाई हदिू शक्षिकों के 3,000 से अधकि वर्षों के लिए जाना जाता है। और बुद्ध इस तरह से रख: "सब है कि हम कर रहे हैं कि हम क्या सोचा है का परणिाम है। मन सब कुछ है। क्या हम सोचते हैं कि हम क्या कर रहे हैं और हम बन गया है। "
"घोड़ों का एक झुंड की कल्पना कीजिए, एक क्षेत्र,

सूरज की रोशनी में कुछ में चराई, लेकिन पास के जंगल के साये में सबसे अधिक है। झुंड अपने संचित विचारों, भावनाओं का प्रतिनिधित्व करते हैं और सब से ऊपर, अपने विश्वासों, जो एक तूफान से अपने जीवन पर अधिक शक्त है। आप हर घोड़े उठाया, अपने मन के स्थिर में उन्हें विचार खिला, कभी जानने के क्या शक्तिशाली जीव वे बाद वे साये में चुपचाप फसिल बन जाएगा। और सबसे सब से शक्तिशाली पूरी तरह से गहराई-अपने अदृश्य विश्वासों में छिपि हुए हैं। "

आप पूछ सकते हैं, कैसे एक विश्वास अदृश्य हो सकता है? निश्चित रूप से अगर यह एक विश्वास है, तो आप इसके बारे में पता नहीं होना चाहिए?

लेकिन यह है कि अपने सबसे कमजोर विश्वासों की ही सच है। आपको लगता है कि, तो, हाँ, आप एक कम शक्त विश्वास के बारे में पता कर रहे हैं। क्या आप मानते हैं कि तब आप? अपने विकल्पों को निर्देशित करने के लिए और अधिक शक्त के साथ एक विश्वास के बारे में पता फिर से है। हालांकि, अगर आप जानते हैं कि, आप इसे सच के रूप में देखते हैं और एक शक्तिशाली विश्वास है कि अपने जीवन आकृतियों को पहचान करने में विफल है। आप जानते हैं कि जानवरों

के खाने कर्म कर्ज incurs हैं, तो आप कसाई से बचें। आप जानते हैं कि किशोरों परेशान हैं, तो आप parenting समस्याओं पैदा करते हैं। आप जानते हैं कि आप अपने संकायों खो देंगे के रूप में आप उम्र के हैं, यह जानते हुए भी, उम्र नहीं, कि नुकसान तुम हो।

धारणा-विश्वास: और सबसे अपने सभी विश्वासों के शक्तिशाली सबसे सरल है। यही कारण है कि एक निश्चित इतनी गहरी है कि यह यह सवाल करने के लिए बकवास लगता है। अनगिनत लाखों धारणा-विश्वास है कि उनके जीवन एक दुख बनाने से बंधे हैं। और फिर भी सभी मान्यताओं अपने विचारों के संचय के साथ शुरू हुआ। उन विचारों में से कई अपने जन्म से पहले शुरू हुआ, अपने जीवन के राजमार्ग का निर्माण। बाकी-उन है कि जो निर्धारित गलियों आप उस में यात्रा विचार है कि आप पकड़ या एक बार इस जीवन में आयोजित राजमार्ग हैं।

हाँ, यहाँ तक कि अपने शारीरिक स्वास्थ्य अवचेतन विश्वासों के अपने संचय के कारण होता है। कौन स्वीकार-वजह से यह पता चलता है कि अगर आप को

पकड़ने, कहते हैं, ल्यूकेमयिा, यह तुम्हारी गलती है बहुत मुश्कलि हो सकता है! लेकनि शब्द गलती नहीं है, यह कारण है। क्योंक आपके सबसे शक्तशिाली वश्विासों अपने साये में आगे बढ़ने और अपने मन आमतौर पर अपने स्वयं के शक्तशिाली शक्तयिों का कोई पता नहीं है कोई दोष या नर्णिय उचति है।

आप क्या वशिष्टि वचिार, भावना या वश्विास पूछ की तरह एक वशिष्टि illness.?That;s कारण अगर एक काले, घटाटोप आसमान से बारशि की बौछार एक बादल से आया हो सकता है पूछ सकते हैं। इसके बजाय इसके क लिगातार वचिारों को शक्तहीन होने का और शकिार क्रोध, घृणा, भय और अनविार्य रूप से खुद को अपने शरीर में व्यक्त करेंगे तरह दबा भावनाओं से जटलि होने का एल मान तार्कक। योग करने के लएि, बीमारी या क झिटका भी अपनी रचना थी।

तुम क्या हो तुम सबसे ज्यादा क्या आपको लगता है आप इस प्रकार है, तुम क्या लगता है क आप के आसपास बनाता है के बारे में सोच।

अगर आप सोच रहे हैं, तो शायद: अगर हम क्या हम पर ध्यान केंद्रति करने के लएि मलिता है, यही कारण है क हिम क्या हम नहीं चाहते का इतना मलिता है?

ऐसा इसलिए है क्योंकि हम अक्सर हम क्या नहीं
करना चाहते हैं पर सबसे प्रति अत्यंत ध्यान देते हैं,
और हमारे व्यक्तिगत ब्रह्मांड हमेशा हमारी सबसे
बड़ी जुनून अनुदान। यही कारण है कि समझने के लिए
बहुत महत्वपूर्ण है। हमेशा? हाँ ?. तो अगर आप अपने
गरीबी है, जो उन दो जुनून के प्रकट होगा पर एक
लाख डॉलर है, लेकिन निराशा के लिए करना चाहते हैं?
यहाँ सृजन-विश्वास के सबसे विनाशकारी दर्द स्तर
है। आप अपने जीवन के निर्माता, लेकिन परिस्थिति
का शिकार नहीं कर रहे हैं।? भगवान, तारे, भाग्य,
जन्म, माता-पिता, प्रेमी, सरकार, दुर्घटनाओं,
बीमारी, पुलिस: आप खुद के अलावा अन्य कुछ पर
अपनी हालत को दोषी ठहराते हैं। तुम कभी नहीं एक
मौका खड़ा था। आप स्वाभाविक बेकार हैं। आप एक
शिकार होते हैं और जीवन एक पीड़ा है। क्या वे तुम
हो?

यदि नहीं, तो अगले स्तर, और अधिक विकसित करने
की कोशिश: आप कभी कभी अपने जीवन के निर्माता
हैं। तुम कुछ घटनाओं को प्रभावित कर सकते हैं,
लेकिन ज्यादातर, बाहरी ताकतों से लड़ने के लिए भी
मजबूत कर रहे हैं। तुम अपने आप के अलावा अन्य कुछ

पर अपनी हालत के सबसे दोषी ठहराते हैं। तुम क्या आप के लिए होता है के लिए कुछ जम्मिदारी ले। तुम कुछ लायक है, कुछ संभावति है। जीवन में कुछ डाला के साथ एक संघर्ष है। क्या वे तुम हो?

यहाँ अगले स्तर है: आप ज्यादातर अपने जीवन के नर्माता हैं। तुम सबसे अधिक घटनाओं को प्रभावति कर सकते हैं, हालांकि कभी कभी बाहरी ताकतों भी महान हैं। आप अपने कार्यों के अधकिांश के लिए जम्मिदारी ले। आप दर्दनाक घटनाओं के लिए थोड़ा समय दूसरों को दोष देने के खर्च करते हैं। आप दोष के साथ एक सार्थक व्यक्त हैं। आप की क्षमता का एक बहुत कुछ है। जीवन एक दलिचस्प और मनोरंजक अक्सर चुनौती है। क्या वे तुम हो?

यद नहीं, तो इस एक कोशशि। वश्विास creation- के मास्टर स्तर है क आप पूरी तरह से अपने जीवन के नर्माता हैं। तुम जा रहा है क- चेतना के महान क्षेत्र है जो कई कारनामों और तुम्हारा सहति कई चेहरे है, का हस्सा हैं। आप आप के रूप में अपनी धरती चरत्रि नहीं देखते हैं, लेकनि कला के अपने काम के रूप में करते हैं। अपने हर वचिार, व्यवहार और कार्रवाई के अपनी पसंद है। आप पूरी तरह से जम्मिदार है,

अपनी कृतियों के लिए नहीं बल्कि अपनी कृतियों के लिए आपकी प्रतिक्रियिा के लिए ही नहीं कर रहे हैं। आप को दोष कभी नहीं या अपने अनुभवों के लिए न्यायाधीश दूसरों। अपने निहिति मूल्य और संभावति विशाल कर रहे हैं। जीवन एक रोमांचक, कभी कभी आश्चर्य की बात है, कभी-कभी दर्द होता है, अभी तक खुशी साहसकि है।

तुम हो? तुम महान पैटर्न यहाँ दखि रहा है? जो भी सृजन-वशि्वास का स्तर क्या आप स्थिति है कि आप सही साबति करने के लिए दखिाई देते हैं पैदा करेगा पकड़ो। क्या आप मानते हैं कि आप के आसपास प्रकट कर दयिा जाएगा।

यही कारण है कि पहले सार्वभौमकि सत्य की व्यवहार्यता है। वशि्वास करते हैं और सुख, स्वास्थ्य, प्रेम, शांति, सद्भाव, आनंद, तृप्ति, खुद को प्यार और आत्म मूल्य को गले लगाने के लिए और अपने जीवन के हर पल का बहुतायत में इन सभी का अनुभव। मैं एक बार मेरी माँ, जो कई बच्चों सुनने को मलिता द्वारा बताया गया था: के रूप में अगर पूरे, वशिाल ब्रह्मांड मेरे चारों ओर घूमती व्यवहार करने के लिए नहीं है। " वास्तव में, यह करता है। या यों कहें,

मेरे ब्रह्मांड करता है। और तो तुम्हारा है। सचमुच। क्वांटम भौतिकी की खोज के लिए शुरुआत है, वहाँ ब्रह्मांडों की एक अनंत संख्या में हैं। आपका चेतना आप के चारों ओर घूमना, सब है कि आप जानते हैं और अनुभव और अपने शरीर और मन में खरब से अधिक कोशिकाओं का निर्माण। आप अपने बनाने का एक बुलबुला में तितिली कर रहे हैं। अपने बुलबुला दूसरों के बुलबुले के साथ overlaps। हर दिशा आप यानी अपने शरीर, मन और आत्मा में सिर, आप बना सकते हैं और हर घटना और अपने अनुभवों का विस्तार।

दस दुनिया में सबसे सुंदर चीजें हैं या नहीं देखा जा सकता छुआ, के रूप में उनमें से कोई भी बाहरी बातें कर रहे हैं। हम उन लोगों के साथ पैदा हुए थे और वे हमारे

भीतर मौजूद हैं। अपने भीतर की इंद्रियों के माध्यम से और अपने दलि के साथ उन्हें लग रहा है। सर्वश्रेष्ठ और सबसे सुंदर हैं: आशावाद, खुशी, आशा, शांत‍ि, वश्‍िवास, आभार, प्रेम, करुणा, शांत‍ि और सद्भाव .... भीतर तक पहुँचने, अपने वशिाल संसाधनों में नल और अपने जीवन को सशक्त।

कसिी भी मात्र बाहरी बल का; आपराधकि सोचा लंबे चुपके से दलि में बढ़ावा दयिा गया था, और अवसर घंटे अपनी इकट्ठा शक्त‍ि का पता चला। हालात आदमी नहीं बनाते हैं; वे खुद के लिए उसे प्रकट ऐसा कोई शर्तों शातरि हठ से अलग उपाध्यक्ष और इसके परचि‍ित कष्टों में उतरते, या पुण्य और धार्मकि आकांक्षाओं के नरिंतर खेती के बनिा अपने शुद्ध खुशी में आरोही के रूप में मौजूद कर सकते हैं; और आदमी है, इसलिए, प्रभु और सोचा था की गुरु के रूप में, खुद के नरि्माता और पर्यावरण के लेखक हैं। जन्म के समय भी आत्मा अपने स्वयं के लिए और अपने सांसारकि

तीर्थ यात्रा के हर कदम पर यह स्थिति है जो अपने आप को पता चलता है की उन संयोजन, जो अपनी ही पवित्रता और, अशुद्धता, अपनी ताकत और कमजोरी का प्रतबिबि है आकर्षति करती है के माध्यम से आता है।

लोग हैं कि जो वे चाहते हैं, लेकिन लगता है कि जो वे कर रहे हैं आकर्षति नहीं करते। उनकी सनक, पसंद, और महत्वाकांक्षा हर कदम पर नाकाम रहे हैं, लेकिन उनके अंतरतम वचिारों और इच्छाओं को अपने स्वयं के भोजन के साथ खलिाया जाता है, यह बेईमानी या साफ हो। "दवि्यता है कि हमारे सरिों को आकार" अपने आप में है; यह हमारे बहुत आत्म है। संक्षेप में, आप अपने आप को हथकड़ी कर सकते हैं या अपने आप को मुक्त सेट: वचिार और कार्रवाई का भाग्य jailers हैं - वे कैद, आधार जा रहा है; वे भी स्वतंत्रता के दूत हैं - वे आजाद कराने, नोबल जा रहा है। नहीं है कि वह क्या चाहता है और एक आदमी मलिता है के लिए प्रार्थना करता है, लेकनि क्या वह उचति रूप में कमाता है। उनकी इच्छा है और प्रार्थना ही संतोष

कर रहे हैं और जवाब है, जब वे अपने वचिारों और कार्यों के साथ मलिाना।

इस सच्चाई के प्रकाश में, क्या, फरि, का अर्थ है "परसि्थतियिों के खलिाफ लड़ रहे हैं?" इसका मतलब यह है कि एक आदमी लगातार, बनिा कसिी प्रभाव के खलिाफ बगावत कर रहा है, जबकि हर समय वह पौष्टकि है और उसके दलि में इसके कारण के संरक्षण। यही कारण एक जागरूक उपाध्यक्ष या बेहोशी की कमजोरी का रूप ले सकता है; लेकनि जो कुछ भी हो, यह हठ अपने स्वामी के प्रयासों को अवरूद्ध, और इस प्रकार उपचार के लिए जोर से कहता है।

लोग, सामान्य रूप में, बेहतर करने के लिए खुद को बदलने के लिए उनके जीवन में सुधार करने के लिए तैयार है, अभी तक तैयार नहीं हैं; वे इसलिए उनके खांचे में और उनके यथास्थति में अटक रहना .. जो लोग प्रयासों में डालने के लिए खुले हैं सामान्य रूप से हो रही है क्या वे के लिए कामना की थी द्वारा पुरस्कृत कर रहे हैं। लक्ष्य स्वास्थ्य, धन और खुशी की औसत मानकों से ज्यादा और loftiest इच्छाओं को बदल सकता है। लोग मुख्य रूप से धन संचय या दुनयिा

भर में राजनीतकि स्थति और वैश्वकि मान्यता के साथ अरबपती स्थति का एक संयोजन चुनते हैं, वहाँ स्मार्ट सोच है और प्रयास की एक बहुत जसि तरह से साथ में डाल दयिा जाए।
सीएच एक आदमी उन सद्धिांतों जो सच समृद्धि का आधार हैं का सरलतम आरंभ समझ में नहीं है, और केवल पूरी तरह से अपने wretchedness से बाहर वृद्धि करने के लिए अयोग्य नहीं है, लेकनि वास्तव में रहने से एक अभी भी गहरी wretchedness खुद को आकर्षति करने, और बाहर काम कर रहा है , अकर्मण्य भ्रामक, और डरनेवाला वचिार।
यहाँ एक अमीर आदमी है जो लालच का परणिाम के रूप में एक दर्दनाक और लगातार इस बीमारी के शकिार है। उन्होंने कहा कि पैसे की बड़ी रकम इसे से छुटकारा पाने के लिए देने के लिए तैयार है, लेकनि वह अपने भक्षक इच्छाओं का त्याग नहीं करेगा। उन्होंने कहा कि अमीर और अप्राकृतकि खुराक के लिए उसका स्वाद सन्तुष्ट और उनके स्वास्थ्य के रूप में अच्छी तरह से करना चाहता है। इस तरह के एक आदमी है, स्वास्थ्य के लिए पूरी तरह से अयोग्य है क्योंकि वह अभी तक पहले सद्धिांतों नहीं सीखा है

मैं इन तीन मामलों में मात्र के रूप में सच्चाई यह है
कि आदमी अपराधी है के उदाहरण पेश किया है उसकी
परिस्थितियों के (हालांकि लगभग हमेशा अनजाने में
है), और कहा कि, एक अच्छा अंत में लक्ष्य के रूप में,
वह लगातार अपनी उपलब्धि के विचारों और
इच्छाओं को जो बढ़ावा देकर निराशा होती है संभवतः
यह है कि अंत के साथ मिलाना नहीं कर सकते। इस
तरह के मामलों गुणा किया जा सकता है और लगभग
अनिश्चित काल के लिए अलग-अलग है, लेकिन इस
रूप में पाठक सकते हैं, अगर वह ऐसा हल करता है,
सोचा के कानूनों की कार्रवाई अपने ही मन और
जीवन में पता लगाने के लिए आवश्यक नहीं है, और
जब तक यह किया है, मात्र बाहरी तथ्यों तर्क की
एक जमीन के रूप में काम नहीं कर सकते।

हालात बहरहाल, इतना जटिल कर रहे हैं, सोचा था कि
इतनी गहराई से निहित है, और खुशी की शर्तों हां,
बेहद व्यक्तियों के साथ, कि एक आदमी के पूरे आत्मा
हालत (हालांकि यह है कि खुद को जाना जा सकता है)
किसी अन्य के द्वारा बाहरी से नहीं आंका जा सकता
भिन्न हो अकेले अपने जीवन के पहलू। एक आदमी कुछ
दिशाओं में ईमानदार हो, अभी तक privations पीड़ित

हो सकता है; एक आदमी कुछ दशिाओं में बेईमान हो, फरि भी धन प्राप्त हो सकता है; लेकनि आम तौर पर इस नषि्कर्ष का गठन है कि एक आदमी ने अपनी वशिष ईमानदारी की वजह से वफिल रहता है, और वह अपने वशिष बेईमानी की वजह से अन्य prospers, एक सतही नरि्णय है, जो मानता है कि बेईमान आदमी लगभग पूरी तरह से भ्रष्ट है, और ईमानदार आदमी का परणािम है लगभग पूरी तरह से गुणी। एक गहरा ज्ञान और व्यापक अनुभव इस तरह के नरि्णय के आलोक में गलत हो पाया है। बेईमान आदमी कुछ सराहनीय गुण है, जो अन्य करता है, के अधकिारी नहीं हो सकता है; और ईमानदार आदमी अप्रयि दोष है जो अन्य में अनुपस्थति रहे हैं। ईमानदार आदमी को अपने ईमानदार वचिारों और कृत्यों के अच्छे परणािम काटनेवाला; वह भी खुद पर दुखों है, जो अपने दोष का उत्पादन लाता है। बेईमान आदमी इसी तरह अपने ही दुख और खुशी garners।

यह मानना है कि एक के बाद एक की पुण्य की वजह से ग्रस्त मानव घमंड को भाता है; लेकनि जब तक नहीं एक आदमी अपने मन से हर, बीमार कड़वा, और अशुद्ध सोचा extirpated गया है, और उसकी आत्मा

से हर पापी दाग को धोया, वह एक ही स्थान पर हो
सकता है और घोषणा की कि उनके कष्टों उसके अच्छे
का परिणाम है, और नहीं अपने बुरे गुणों की; और
रास्ते पर करने के लिए, फिर भी लंबे समय से पहले
वह पहुँच गया है, कि सर्वोच्च पूर्णता, वह मिल गया
होगा अपने मन और जीवन, महान कानून है जो
बिल्कुल सिर्फ है में काम कर रहा है, और नहीं है,
इसलिए, बुराई के लिए अच्छा बुराई के लिए दे सकते
हैं, जो अच्छा। इस तरह के ज्ञान के अधीन है, वह तो
पता चल जाएगा, अपने अतीत अज्ञानता और
अंधापन पर वापस देख रहे हैं, उसका जीवन है, और
हमेशा से था, उचित रूप में आदेश दिया, और कहा कि
उसके सारे अतीत के अनुभवों, अच्छे और बुरे, उसकी
उभरती का न्यायसंगत पूरा होने थे, अभी तक अपूर्ण
स्व।

अच्छे विचार और कार्यों बुरा परिणाम का उत्पादन
नहीं कर सकते हैं; बुरा विचारों और कार्यों अच्छे
परिणाम का उत्पादन नहीं कर सकते हैं। यह तो कुछ
भी नहीं कह रही है कि बिच्छू लेकिन बिच्छू से मकई
लेकिन मक्का, कुछ नहीं से आ सकता है। पुरुषों
प्राकृतिक दुनिया में इस कानून को समझते हैं, और

इसके साथ काम; लेकिन कुछ इसे मानसकि और नैतकि दुनयिा में समझ में (हालांकि इसके संचालन नहीं है बस के रूप में सरल और undeviating), और वे, इसलिए नहीं है कि यिह साथ सहयोग।

दुख हमेशा के लिए कुछ दशिा में गलत सोचा का प्रभाव है। यह इस बात का संकेत है कि व्यक्ति ने खुद के साथ सद्भाव से बाहर है, अपने होने के कानून के साथ है। दुख का एकमात्र और सुप्रीम उपयोग शुद्ध करने के लिए, यह सब बेकार और अशुद्ध है बाहर जला है। उसके लिए रहता पीड़ति हैं, जो शुद्ध है। वहाँ सोने के जलने के बाद कीट हटा दयिा गया था में कोई वस्तु हो सकता है, और एक पूरी तरह से शुद्ध और प्रबुद्ध जा रहा ग्रस्त नहीं कर सका।

परस्थितियिों, जो एक आदमी को दुख के साथ मुठभेड़ों, सद्भाव में अपने ही मानसकि के परणािम हैं। परस्थितियिों, जो एक आदमी को धन्य साथ मुठभेड़ों, अपने ही मानसकि सद्भाव का परणािम है। धन्य है, न कि भौतकि संपत्ति, सही सोचा का उपाय है; wretchedness, नहीं सामग्री संपत्ति की कमी, गलत सोचा का उपाय है। एक आदमी को शाप दयिा और अमीर हो सकता है; वह धन्य है और गरीब हो सकता

है। धन्य और धन केवल एक साथ शामलि हो गए जब धन ठीक ही है और बुद्धमिानी से इस्तेमाल हो रहे हैं; और गरीब आदमी केवल wretchedness में उतरता है जब वह अपने बहुत संबंध में एक बोझ अन्याय लगाया।

गरीबी और भोग wretchedness के दो चरम सीमाओं कर रहे हैं। वे दोनों समान रूप से अप्राकृतकि और मानसकि वकिार का परणिाम है। एक आदमी ठीक ही वातानुकूलति नहीं है जब तक वह एक खुश, स्वस्थ और समृद्ध जा रहा है; और खुशी, स्वास्थ्य, समृद्धि और बाहरी, अपने परविश के साथ आदमी के साथ भीतरी के सामंजस्य का समायोजन का परणिाम है।

एक आदमी केवल एक आदमी होना शुरू होता है, जब वह कराहना और गाली देना नहीं रहता, और छपिा न्याय जो अपने जीवन को नयिंत्रति करता है के लिए खोज करने के लिए शुरू होता है। जब वह यह है कि वनियिमन के कारक के लिए उनके मन में adapts, वह अपनी हालत के कारण के रूप में दूसरों पर दोष लगाने के लिए रहता है, और मजबूत और महान वचिारों में खुद को मजबूत बनाता है; परस्थितियों के खलिाफ ककि करने के लिए रहता है, लेकनि उन्हें अपने और

अधिक तेजी से प्रगति करने के लिए एड्स के रूप में उपयोग करने के लिए शुरू होता है, और खुद के भीतर छिपा शक्तियों और संभावनाओं की खोज करने का एक साधन के रूप में।

कानून, न भ्रम, ब्रह्मांड में हावी सिद्धांत है; न्याय, अन्याय नहीं, आत्मा और जीवन का पदार्थ है; और धर्म, न भ्रष्टाचार, मोल्डिंग और दुनिया के आध्यात्मिक सरकार में चलती बल है। यह इसलिए किया जा रहा है, लेकिन खुद को आदमी सही करने के लिए है कि ब्रह्मांड सही है खोजने के लिए है; और खुद को डालने का अधिकार है कि वह उस रूप में वह चीजों को और अन्य लोगों, चीजों को और अन्य लोगों के प्रति अपने विचारों को बदल उसके प्रति बदल जाएगा मिलिंगा की प्रक्रिया के दौरान।

इस सच्चाई के सबूत के हर व्यक्ति में है, और यह इसलिए व्यवस्थित आत्मनिरीक्षण और आत्म-विश्लेषण द्वारा आसान जांच की मानते हैं। एक आदमी के मौलिक अपने विचारों में परिवर्तन करते हैं, और वह तेजी से परिवर्तन यह उसके जीवन की भौतिक परिस्थितियों में असर होगा पर चकित हो जाएगा। पुरुषों की कल्पना है कि सोचा था कि गुप्त

रखा जा सकता है, लेकनि यह नहीं कर सकते हैं; यह तेजी से आदत में क्रसि्टलीकृत, और आदत परसि्थति में solidifies। वहशी वचिार मादकता और कामुकता की आदतों, जो अभाव और बीमारी की परसि्थतियिों में जमना में मणभि: हर तरह के अशुद्ध वचिार enervating और भ्रमति करने वाला, जो ध्यान भंग और प्रतकिूल परसि्थतियिों में जमना में मणभि: भय के वचिार, संदेह, और अनरि्णय कमजोर में मणभि , डरनेवाला, और ढुलमुल आदतों, जो वफिलता, गरीबी, और स्लाव नरि्भरता की परसि्थतियिों में जमना: आलसी वचिार गंदगी और बेईमानी की आदतों, जो मट्टिी और भक्िषावृत्त‌ि की परसि्थतियिों में जमना में मणभि: घृणति और नदिात्मक वचिारों आरोप और हसिा की आदतों में मणभि है, जो चोट और उत्पीड़न की परसि्थतियिों में जमना: सभी प्रकार के स्वार्थी वचिारों आत्म की मांग की आदतों, जो परसि्थतियिों में कम या ज्यादा चतिाजनक जमना में मणभि। दूसरी ओर, सभी प्रकार के सुंदर वचिारों अनुग्रह और नेकी की आदतों, जो मलिनसार और धूप परसि्थतियिों में जमना में मणभि: साहस का वचिार: शुद्ध वचिार संयम और आत्म-नयिंत्रण की आदतों, जो सोना और

शांति की परिस्थितियों में जमना में मणभि ऊर्जावान विचार साफ-सफाई और उद्योग की आदतों, जो माधुर्य की परिस्थितियों में जमना में मणभि:, आत्मनिर्भरता, और निर्णय मर्दाना आदतों, जो सफलता, बहुत है, और स्वतंत्रता की परिस्थितियों में जमना में मणभि कोमल और क्षमा विचार नम्रता की आदतों में मणभि है, जो सुरक्षा और परिरक्षक परिस्थितियों में जमना: प्यार और बेगरज विचारों को आत्म-विस्मिरण दूसरों को, जो यकीन है कि और स्थायी समृद्धि और सच्चा धन की परिस्थितियों में जमना लिए की आदतों में मणभि।

सोचा था की एक विशिष ट्रेन में कायम है, यह अच्छा है या बुरा, चरित्र और परिस्थितियों पर उसके परिणाम का उत्पादन करने के लिए असफल नहीं हो सकता हो। एक आदमी सीधे, निश्चित रूप से उसकी परिस्थितियों का चयन नहीं कर सकते, लेकिन वह अपने विचारों को चुन सकते हैं, और इसलिए परोक्ष रूप से, अभी तक उसकी परिस्थितियों को आकार।

प्रकृति विचारों की संतुष्टि है, जो वह सबसे प्रोत्साहित करने के लिए हर आदमी में मदद करता है, और अवसर प्रस्तुत कर रहे हैं जो सबसे तेजी से सतह

दोनों अच्छे और बुरे विचारों के लिए लाना होगा।

एक आदमी ने अपने पापी विचारों से संघर्ष, और दुनिया उसके प्रति निरम होगी, और उसकी मदद करने के लिए तैयार हो जाए! उसे अपने कमजोर और बीमार विचारों को दूर कर दें, और लो, अवसरों हर हाथ अपने मजबूत निराकरण सहायता करने पर वसंत जाएगा; उसे अच्छे विचार के लिए प्रोत्साहित करते हैं, और कोई मुश्किल भाग्य wretchedness और शर्म की बात करने के लिए उसे नीचे बाँध जाएगा। दुनिया को अपने बहुरूपदर्शक है, और रंग के अलग संयोजन, जो हर सफल क्षण में यह आप के लिए प्रस्तुत अपने कभी चलती विचारों की नजाकत समायोजित तस्वीरें हैं।

"तो तुम क्या आप करेंगे होना करने के लिए किया जाएगा, असफलता पाते हैं कि गरीब शब्द में अपनी झूठी सामग्री चलो पर्यावरण, 'लेकिन यह भावना scorns, और निःशुल्क है।

"यह मास्टर्स समय, यह अंतरिक्ष जय पाए, यह गायों मौका है कि घमंडी चालबाज, और तानाशाह परिस्थिति कि के लिए विदाई बोलियों और वापस स्वागत करता है मानव इच्छा और दृढ़ संकल्प सफल होने के

लिए।

"मानव होगा, कि अदृश्य शक्ति है, एक अमृत आत्मा की संतानों, एक तरह से किसी भी लक्ष्य को, कुल्हाड़ी से काटना सकता है, हालांकि ग्रेनाइट की दीवारों हस्तक्षेप।

"देरी में अधीर नहीं हो सकता है लेकिन एक है जो समझता है के रूप में इंतजार करना;। जब आत्मा निकलती है और आदेशों का पालन करना देवताओं करने के लिए तैयार कर रहे हैं"

शरीर मन का दास है। यह मन से निर्देश का अनुसरण करता है, चाहे वे जानबूझकर चुना जाना या अवचेतन रूप में व्यक्त किया। नकारात्मक विचारों को प्रतिबिंधित कर रहे हैं और निर्दयी जब शरीर रोग और असंतुलन में तेजी से डूब। खुशी और स्वस्थ विचारों के आदेश पर यह शबाब और सुंदरता के साथ पहने हो जाता है।

बीमारी और स्वास्थ्य, परिस्थितियों की तरह, सोचा

में नहिति हैं। बीमार वचिार एक बीमार शरीर के माध्यम से खुद को अभवि्यक्त होगा। डर के वचिार एक आदमी के रूप में नशि्चति रूप से एक हथयिार के रूप में मारने के लएि जाना जाता रहा है और वे लगातार हजारों लोगों को हर समय हत्या कर रहे हैं, हालांकि कम तेजी से। जो लोग इस बीमारी के भय में रहते हैं लोग हैं, जो इसे पाने के लएि कर रहे हैं। चिंता जल्दी से पूरे शरीर demoralizes, और यह करने के लएि खुले देता है, रोग के प्रवेश द्वार ;. इसी तरह अशुद्ध वचिार, भले ही शारीरकि रूप से लप्ित नहीं, समय के साथ तंत्रकिा तंत्र को चकनाचूर।

मजबूत, शुद्ध, और खुश वचिार शक्ति, चमक और दया के साथ शरीर का नरि्माण। शरीर एक नाजुक और लचीला साधन है, जो वचिारों को जो करने के लएि यह करने के लएि और वचिार की आदतों को अवगत कराया है उनके अपने प्रभाव, अच्छा या बुरा, जो भी तरह का उत्पादन होगा करने के लएि आसानी से प्रतक्रियिा करता है।

मनुष्य के इतने लंबे समय के रूप में वे अशुद्ध वचिार प्रोत्साहति करते हैं, अशुद्ध और जहर रक्त के लएि जारी रहेगा। एक साफ दलि से बाहर एक स्वच्छ

जीवन और एक स्वच्छ शरीर आता है। एक अशुद्ध दमिाग से बाहर एक अशुद्ध जीवन और एक भ्रष्ट शरीर आय। सोचा कार्रवाई, जीवन, और अभव्यिक्त का फव्वारा है; फव्वारा शुद्ध बनाने के लिए, और सभी, शुद्ध उज्ज्वल और स्वस्थ हो जाएगा

यद आप अपने वचािरों में सुधार नहीं करते केवल अपने आहार बदलकर आप मदद नहीं करेगा। जब एक व्यक्त को उसकी / उसके वचािरों को शुद्ध बनाता है, वह / वह अब अस्वस्थ इच्छाओं। बासी भोजन।
साफ-सफाई दोनों एक पुण्य और मन की एक अवस्था .Clean वचािरों को स्वच्छ बनाने के प्रत दृष्टकोिण है। आत्म घोषति बुलाया संत जो अपने शरीर धो नहीं करता है पूरी तरह से स्वच्छ और शुद्ध नहीं है। जो लोग मजबूत और पवत्रि कयिा है अपने वचािरों को अस्वस्थ रोगाणुओं पर वचािर करने की जरूरत नहीं है।
आपके शरीर की रक्षा करने के लिए सबसे अच्छा तरीका है अपने मन को हर समय रक्षा के लिए है। जब भी आप को शुद्ध और अपने आप को नवीनीकृत करने

के लिए तय है, अपने मन को सुंदर बनाने के साथ शुरू करते हैं। बदला ईर्ष्या, निराशा, हताशा के विचार शरीर की चमक, स्वास्थ्य और सद्भाव काटा। एक उदास चेहरे के बाद आकस्मिक नहीं है; यह नकारात्मक, दुः खी विचारों का एक सीधा परिणाम है। अस्वस्थ झुर्रियां कि शिव पर दिखाई घृणा, ईर्ष्या, अवमानना और इसी तरह के नकारात्मक सोचा पैटर्न के नकारात्मक विचारों को बनाए रखने के द्वारा बनाया जाता है।

यह उनकी अस्सी के दशक में जो युवा लड़कियों के उज्ज्वल, मासूम चेहरे में कुछ महिलाओं को खोजने के लिए मुश्किल नहीं है। मैं भी एक आदमी को अच्छी तरह तहत मध्यम आयु जिसका चेहरा विकृत, नमकहराम प्रोफ़ाइल में तैयार की है पता है। पूर्व हर्षित, जीवंत, सकारात्मक मीठा व्यवहार का परिणाम है और बाद दुख, अवसाद और असंतोष का नतीजा है।

बहुत स्वीकार करने के लिए ताजा हवा और धूप के द्वारा आप उज्ज्वल, मीठी महक कमरे में हो सकता है वैसे ही जैसे, हर्षति, ईमानदार, लाभकारी वचिारों का प्रवाह रखने से आप एक स्वस्थ, खुश शरीर और एक चमक व्यक्तत्वि हो सकता है।

उनकी ताकत, सहानुभूत िऔर कुछ अन्य लोगों चति‍ा, असंतोष और नकारात्मक सोचा पैटर्न से झुर्रयिों के खलिाफ के रूप में चतिति सोच के बारे में लाया झुर्रयिों के साथ लोगों को अलग करने के लिए वश्लिेषणात्मक कयिा जा रहा प्रयास करें। । उन्हें, जो लोग धर्म से जयिा है के साथ, उम्र, शांत, शांतपूिर्ण, और धीरे डूबते सूर्य की तरह, वनिम्र है। मैं हाल ही में उसकी मृत्युशय्या पर एक दार्शनकि देखा है। वह साल में छोड़कर वर्ष नहीं था। उन्होंने कहा क िके रूप में प्यार से मृत्यु हो गई और शांत िके रूप में वह रहते थे।

इसमें शरीर की बीमारयिों को नकार के लिए लगातार हंसमुख वचिारों की तरह कोई चकित्सिक नहीं है; अच्छा जयकार और joyousness दु: ख और दु: ख की छाया dispersing के लिए सबसे अच्छा उपचार कर

रहे हैं। बीमार होगा, दूरदर्शिता, संदेह, और ईर्ष्या के
विचारों में लगातार रहते हैं, एक स्वयं बनाया जेल की
कोठरी में कैद किया जा रहा है। लेकिन सभी का अच्छी
तरह से सोचने के लिए, सभी के साथ हंसमुख हो सकता
है, धैर्य से सभी में अच्छा खोजने के लिए सीखना -
इन बेगरज विचार स्वर्ग के बहुत पोर्टल्स हैं; और
हर प्राणी की ओर शांति के विचारों में दिन-ब-दिन
ध्यान केन्द्रित करने के लिए सभी जो उन्हें अधिकारी
को शांति abounding लाएगा। अभ्यास नियमित रूप
से ध्यान लोगों को मदद मिलती है मन, शरीर और
आत्मा और इस तरह के सद्भाव के बीच एक
सामंजस्यपूर्ण संतुलन बनाए रखने के लिए हर किसी
को पूरा करने के लिए जीवन जीने के लिए एक परम
अवस्था है

ध्यान के दौरान आप अपने मन उत्थान चेतना में
जिसके परिणामस्वरूप के भीतर गहरे पार मिलेगा।
दीप छापों, विचारों पुनरोद्धार में जिसके
परिणामस्वरूप जारी कर रहे हैं। प्रक्रिया फिर से और
फिर से दोहराने से समय के साथ, एक सक्रिय कर
सकते हैं लगता है, ताजा, नए सिरे से और सशक्त।

जब विचारों कम ध्यान राज्यों कर रहे हैं। विचार आते

हैं, थामने के लिए और के माध्यम से गुजरती हैं। आप
इस सूची में उन्हें पहचान है: इच्छाओं,
महत्वाकांक्षा, उम्मीदों, संदेह, अप्रिय यादें,

जब तक विचार उद्देश्य के साथ जुड़े हुए हैं वहाँ कोई
सार्थक उपलब्धियां हैं। अधिकांश लोग अपने विचारों
को जीवन के सागर पर "बहाव" करने के लिए अनुमति
देते हैं। Aimlessness सिर्फ गंतव्य और अंतिम
परिणाम के किसी भी स्पष्टता के बिना धूमिल रास्तों
की भूलभुलैया के बाद लोगों की ओर जाता है।
जो लोग अपने जीवन में कोई केंद्रीय उद्देश्य है एक

आसान शकिार चतिा, भय, परेशानयिों, और आत्म दया है, जो सभी कमजोरी का संकेत है, जो नेतृत्व कर रहे हैं क्षुद्र करने के लिए आते हैं, बस के रूप में नश्चित रूप से के रूप में जान-बूझकर की योजना बनाई पापों (हालांकि एक अलग मार्ग से) , असफलता, दुख, और नुकसान है, क्योंकि किमजोरी एक शक्तशिाली उभरती ब्रह्मांड में बच नहीं सकते हैं।
आप अपने दलि में वैध उद्देश्यों के गर्भ धारण, और उन्हें पूरा करने के लिए बाहर की स्थापना करनी चाहिए। तो उद्देश्यों के कोर और अपने वचिारों का ध्यान केंद्रति करते हैं। यह एक आध्यात्मकि आदर्श का रूप ले सकता है, या यह हो सकता है एक सांसारकि वस्तु, उस समय की अवधि के दौरान समय पर अपनी प्रकृति के अनुसार; लेकनि उम्मीद है कि आप और उद्देश्य के लिए इच्छा तेजी लक्ष्यों जो आप अपने आप को आगे रखा है पर अपने वचिार-बलों ध्यान केंद्रति करने के लिए जो कुछ भी। हम अपने लक्ष्यों को जीने के लिए हमारी प्राथमकिता है, और हमें बलि्कुल बंद रखा करने के लिए लालसा, और imaginings उन्हें distractions और यादृच्छकि घटनाओं वचिारों की अनदेखी प्राप्त करने के लिए

कार्रवाई करनी चाहिए। यह आत्म-नियंत्रण और सोचा के सच्चे एकाग्रता के लिए शाही सड़क है। यहां तक कि अगर वह फिर से और फिर विफिल रहता है उसके उद्देश्य को पूरा करने के लिए (के रूप में वह जरूरी होगा कमजोरी को दूर किया जाता है जब तक), चरित्र की शक्ति प्राप्त की उसके असली सफलता के उपाय हो जाएगा, और यह भविष्य में बिजिली और जीत के लिए एक नया प्रारंभिक बिंदु के रूप में होगा।

जो एक महान उद्देश्य की आशंका के लिए तैयार नहीं कर रहे हैं उनके कर्तव्य, की निर्दोष प्रदर्शन पर विचार कोई बात नहीं कैसे तुच्छ अपने कार्य को लग सकता है ठीक करना चाहिए। केवल इस तरह के विचारों को इकट्ठा किया जा सकता है और ध्यान केंद्रित किया, और संकल्प और ऊर्जा, विकसित किया जाना है, जो किया जा रहा है, वहाँ कुछ भी नहीं है जो पूरा नहीं किया जा सकता है।

सबसे कमजोर आत्मा, अपनी ही कमजोरी जानने के लिए, और इस सच्चाई यह है कि शक्ति ही प्रयास और अभ्यास के द्वारा विकसित किया जा सकता है विश्वास, होगा, इस प्रकार विश्वास, एक ही बार में ही लागू करने के लिए शुरू हो, और, धैर्य के लिए धैर्य

प्रयास करने के प्रयास को जोड़ने, और शक्ति के लिए शक्ति, विकसित करने के लिए संघर्ष कभी नहीं होगा, और पिछले दैवीय मजबूत बढ़ेगा।

शारीरिक रूप से कमजोर आदमी खुद सावधान और रोगी प्रशिक्षण से मजबूत बना सकते हैं, तो वह कमजोर विचारों के आदमी सही सोच में खुद को कसरत से उन्हें मजबूत बनाने के रूप में।

सबसे अच्छा कौशल हम प्राप्त कर सकते हैं में से एक काम है जो हमें उत्तेजित मिल रहा है, हमारे दिल से गाते हैं और हमारी क्षमताओं का सबसे अच्छा करने के लिए यह कर के अनुभव का आनंद आता है। प्यार तुम क्या करते हो और आप को पूरा करने का काम मिल जाएगा।

ज्ञान है कि हम क्या कर सकते से स्प्रिंग्स करना होगा। शक और डर ज्ञान के महान दुश्मन, जो उन्हें मार डालना नहीं है। thwarts

जो संदेह और भय पर विजय प्राप्त की है वह असफलता विजय प्राप्त की है। उनकी हर, विचार शक्ति के साथ संबद्ध है, और सभी कठिनाइयों को बहादुरी से मुलाकात कर रहे हैं और बुद्धिमानी से उबरने। उसके उद्देश्यों मौके पर लगाए हैं, और वे

खलिते हैं और एक प्रचुर मात्रा में फसल वास्तव में fruit- लाने के।

उद्देश्य के लिए बेधड़क संबद्ध सोचा था कि रचनात्मक शक्ति बिन जाता है: वह जो जानता है कि यह कुछ अधिक है और विचारों ढुलमुल और उत्तेजना में उतार-चढ़ाव का एक मात्र बंडल की तुलना में मजबूत बनने के लिए तैयार है; वह करता है जो इस बात का जागरूक और समझदार wielder बन गया है उसकी

सब है कि आप प्राप्त कर सकते हैं और सब है कि आप प्राप्त करने में विफिल अपने विचारों का प्रत्यक्ष परिणाम है। एक निष्पिक्ष और सही ब्रह्मांड, जहां संतुलन की हानि निकारात्मक नतीजों के लिए होता है, व्यक्तगित जम्मिेदारी पूर्ण होना चाहिए। एक आदमी की कमजोरी और शक्ति, शुद्धता और अशुद्धता, अपने ही हैं, और नहीं एक और आदमी का; वे खुद के बारे में लाया जाता है, और किसी अन्य के द्वारा नहीं; और वे केवल खुद के द्वारा बदला जा

सकता है किसी अन्य के द्वारा कभी नहीं। उनकी
हालत भी अपने ही है, और नहीं एक और आदमी की।
उनकी पीड़ा और उसकी खुशी के भीतर से विकसित कर
रहे हैं। वह सोचता है, तो वह है, के रूप में वह सोचने के
लिए जारी है, इसलिए वह रहता है।

जब तक कि कमजोर मदद की जा करने के लिए तैयार
है एक मजबूत व्यक्ति एक कमजोर मदद नहीं कर
सकते हैं, और फिर भी कमजोर व्यक्ति अपने खुद के
मजबूत हो जाना चाहिए; वह अपने स्वयं के प्रयासों
से, ताकत है जो वह किसी अन्य रूप में तारीफ
विकसित करना होगा। कोई भी खुद को हम सब लेकिन
आत्मनिर्भर खुद को बेहतर बनाने के लिए कर रहे हैं।

यह पुरुषों के लिए हमेशा की तरह किया गया है लगता
है और कहते हैं, "क्योंकि एक एक अत्याचारी है कई
पुरुषों दास हैं;। हमें अत्याचारी से नफरत है" अब,
तथापि, वहाँ सेंट के बीच एक बढ़ती हुई कुछ एक इस
फैसले को उलटने के लिए, और कहते हैं, प्रवृत्ति है
"एक आदमी एक अत्याचारी है क्योंकि कई दास हैं;।
हमें गुलामों को तुच्छ चलो"

सच्चाई यह है कि अत्याचारी और गुलाम, अज्ञानता
में सह ऑपरेटरों रहे हैं, और एक दूसरे के दु: ख

प्रतीयमान जबकि, खुद को पीड़ति वास्तवकिता में हैं। एक संपूर्ण ज्ञान दीन और अत्याचारी का misapplied शक्ति की कमजोरी में कानून की कार्रवाई मानते; एक सही प्यार, दुख, जो दोनों राज्यों करना पड़ेगा, देख रहा है न तो नदिा करता है; एक आदर्श करुणा दोनों अत्याचारी और दीन गले लगाती है।

जो कमजोरी पर वजिय प्राप्त की है, और दूर सब स्वार्थी वचिारों डाल दयिा है वह न तो अत्याचारी और न ही पर अत्याचार के अंतर्गत आता है। उन्होंने कहा कि निःशुल्क है।

एक आदमी केवल वृद्धि को जीत के लिए, और अपने वचिारों को ऊपर उठाने के द्वारा प्राप्त कर सकते हैं। वह केवल अपने वचिारों को लफि्ट करने से इनकार करके कमजोर है, और घोर, और दुखी रह सकते हैं।

इससे पहले एक आदमी कुछ भी हासलि कर सकते हैं, सांसारकि बातों में भी, वह स्लाव पशु भोग ऊपर अपने वचिारों को उठाने चाहिए। उन्होंने कहा कि नहीं, आदेश में सफल होने के लिए, सभी नकारात्मकता और स्वार्थ, कसिी भी तरह से दे सकते हैं; लेकनि इसके बारे में एक हसि्से को, कम से कम, बलदिान कयिा

जाना चाहिए। एक आदमी जिसका पहले सोचा था कि
वहशी भोग न स्पष्ट रूप से लगता है और न ही
विधिपूर्वक योजना सकता है; वह नहीं मिल सकता है
और उसके अव्यक्त संसाधनों का विकास, और किसी
भी उपक्रम में विफल हो जाएगा। नहीं manfully
अपने विचारों को नियंत्रित करने के लिए शुरू कर रहा
है, वह एक स्थिति मामलों को नियंत्रित करने और
गंभीर जिम्मेदारियों को अपनाने की स्थिति में नहीं है।
वह स्वतंत्र रूप से कार्य और अकेले खड़े करने के लिए
फिट नहीं है। लेकिन वह केवल विचार है, जो वह चुनता
द्वारा सीमित है।

इसमें कोई प्रगति नहीं, बलिदान के बिना कोई
उपलब्धि है, और एक आदमी के सांसारिक सफलता के
उपाय है कि वह अपने उलझन में पशु विचार बलिदान,
और अपनी योजनाओं के विकास पर अपने मन को ठीक
करता है में हो जाएगा, और उनके संकल्प को मजबूत
बनाने और आत्मनिर्भरता हो सकता है । और उच्च
वह अपने विचारों को लिफ्टों, अधिक, मर्दाना
ईमानदार, और धर्मी वह हो जाता है, अधिक से
अधिक उसकी सफलता होगी, उतना ही धन्य और
स्थायी उनकी उपलब्धियों के लिए किया जाएगा।

ब्रह्मांड के नियिमों सीधा कर रहे हैं: हम प्राप्त क्या हम लंबे समय पर बाहर दे। वाजबि, सुनियोजति, ईमानदार प्रयासों हर कोई सार्थक लक्ष्यों को प्राप्त करने में मदद।

मुझे सदियों से, कई विद्वान और आध्यात्मकि मास्टर्स में, दुनयिा भर में, हमें सखािया है कि सशक्तकिरण और पूर्ता के लिए पथ उत्थान मानव सोचा तत्वों के माध्यम से और लाभकारी कार्यों के माध्यम से और उस महान विचार और कर्म के पथ सही मायने में सबसे गुणी है।

बौद्धकि उपलब्धियों सोचा प्रक्रयिाओं जो समर्पति है और ज्ञान से बाहर की मांग पर ध्यान केंद्रति कर रहे हैं, या अवधारणाओं कि उदार और जीवन के लिए और प्रकृति के लिए उद्देश्यपूर्ण हैं का परणिाम है। यहाँ बेहतर जीने के लिए सार्वभौमकि रूप से स्वीकार अवधारणा है: जो लोग के लिए प्रयास करते हैं और लक्ष्य को हासलि बेगरज, महान, लाभकारी सोचा पैटर्न खुद रह रहे हैं और अद्भुत और खुशी के अनुभवों का आनंद ले रहे। नकारात्मक सोचा पैटर्न के चलते के लिए, अपनी उपयोगी पुष्टि की है कि हिम, एक सज्जन में हमारे अवचेतन के भीतर सभी नकारात्मक पैटर्न

जारी करने के लिए प्यार ही रास्ता है और हमारे भीतर नकारात्मक पैटर्न दे दूर शून्य वे आया हो सकता है जसिमें से में उड़ान भरने को तैयार हैं अभ्यास करने के लिए से। Affirmations स्वीकार करने के लिए सकारात्मक सोच के पैटर्न में आपका स्वागत संदेश और हमारे साथ बनाए रखना ही क्या अच्छा और फायदेमंद है के लिए तरीके हैं। संक्षेप में प्रस्तुत करने के लिए, धीरे खुद के भीतर सभी चेतन और अवचेतन नकारात्मक पैटर्न जारी है और सकारात्मक सोच के पैटर्न के भीतर आमंत्रति भीतर रहने के लिए की अपनी प्रक्रयाि है। इस अनुभवहीन या सरलीकृत लग सकता है, लेकनि आप परविर्तन के साथ आश्चर्य है कि यिह कसिी के जीवन में ला सकते हैं होगा। कई अन्य वशिषज्ञों से बात की और अवांछति बाहर rinsing और हमारे जीवन में सकारात्मक में लाने की इन बुनयिादी बातों के बारे में लखिा है।

एक आदमी आध्यात्मकि क्षेत्र में बुलंद ऊंचाई के लिए दुनयिा में उच्च सफलता के लिए वृद्धि हो सकती है, और यहां तक कि और फरि, घमंडी स्वार्थी, भ्रष्ट और वचिारों को उसे अपने कब्जे में लेने के लिए अनुमति देकर कमजोरी और wretchedness में उतर।

सभी उपलब्धियों, व्यापार, बौद्धकि या आध्यात्मकि दुनयिा में हैं, नशि्चति रूप से नरि्देशति सोचा का परणिाम है, एक ही कानून से संचालति हैं और एक ही वधिि के हैं कर रहे हैं; फर्क सरि्फ इतना प्राप्त की वस्तु में नहिति है।

जो थोड़ा पूरा होगा वह थोड़ा बलदिान चाहएि; वह जो कुछ हासलि होगा ज्यादा बलदिान चाहएि; वह जो अत्यधकि प्राप्त होगा बहुत त्याग करना चाहएि।

यह लक्ष्यों को प्राप्त करने के लएि कल्पना करने के लएि उपयोगी है। यहाँ आप कुछ दृश्य तकनीकों आप बेहतर कल्पना और अपनी इच्छाओं को प्रकट करने में मदद करेगा कसिीखना होगा।

जब ठीक से कयिा है, दृश्य आप लगभग कसिी भी लक्ष्य को पूरा मदद करता है।

लगभग सभी सफल लोग, खलिाड़ी दृश्य का उपयोग अपने लक्ष्यों को प्राप्त करने के लएि भी शामलि है। कुछ लोग इसे जानबूझकर कुछ अनजाने में करते हैं।

जहां आप परेशान नहीं कयिा जाएगा - सबसे पहले, एक शांत जगह पाते हैं। हम एक को तोड़ने नहीं करना चाहती जब हम अपने अवचेतन से बात कर रहे हैं। आप कल्पना कर सकते हैं -

बसि्तर में जबकि अभी भी सुबह में पहली बात। तुम्हें पता है, बाथरूम जाने के लिए अपने आप को राहत देने और वापस आ जाओ और कल्पना कर सकते हैं।

जब बस या मेट्रो की सवारी।

सुपरमार्केट या कहीं और से अपनी बारी की प्रतीक्षा में।

टेलीवजिन देखने के बजाय कोच पर बैठे।

जब कसिी के लिए इंतज़ार कर रहे।

सोते से पहले रात में आखरिी बात।

सपने देखने वालों दुनयिा के saviors हैं। के रूप में दखिाई दुनयिा के लिए अदृश्य है, तो पुरुषों द्वारा नरितर है, उनके सभी परीक्षणों और पापों और घनिौना व्यवसायों के माध्यम से, उनके एकान्त सपने देखने वालों के सुंदर दृष्टि से मनुष्य हैं। मानवता के अपने सपने देखने वालों को नहीं भूल सकते हैं; यह

उनके आदर्शों हो पाती है और मरने नहीं दे सकते; यह उन में रहती है; यह वे वास्तवकिताओं जो इसे एक दनि देख सकते हैं और जान लेगा रूप में उन्हें जानता है।

जो लोग अपने बढ़ाया सपने और सपने, पूर्णता और महानता का भव्य वचिारों को आगे बढ़ाने के एक दनि उन्हें अमल में लाना होगा। आइंस्टीन भौतकि वज्ञिान के नयिमों के बारे में उनकी दृष्टि पोषति, और वह उन्हें पता चला; एडीसन रोजमर्रा के उपयोग के लए और अधकि से अधकि एक सौ प्रयासों के बाद प्रकाश के स्रोत लाने की कल्पना की, प्रकाश बल्ब वास्तवकिता बनाया; 3,00 साल पहले, बुद्ध प्रबुद्ध अस्तत्वि और पूर्ण शांति का एक आध्यात्मकि दुनयिा के बारे में उनकी दृष्टि थी, और वह यह में वकिसति हुआ।

अपने बुलंद सपने को आगे बढ़ाने के लए, अपने सपने संजोना; अपने आदर्शों का सम्मान करते हैं; वकिसति और संगीत है कि अपने दलि और आत्मा stirs, भव्यता है कि आपके दमिाग में रूपों, सौंदर्य और सुंदरता है कि अपने शुद्ध वचिारों को आकार बाहर खेलते हैं, क्योंकि उनमें से बाहर चल रहे अद्भुत वास्तवकिता, स्वर्गीय

अनुभवों के हर सेट प्रकट होगा। जारी रहती है और अपने प्रयासों जा रहा रखने से दृढ़ रहें और आप महान आदर्शों प्रकट होगा।

गर्भ धारण विश्वास करते हैं और लक्ष्य को हासिल ब्रह्मांड के एक कानून है। हम महान लक्ष्यों को हासिल कर सकते हैं कि क्या उपाय नहीं है कि क्या वे भी बुलंद या कम रखा जाता है, वास्तविकता यह है कि क्या हम उन्हें प्रयासों के साथ लगातार आगे बढ़ाने और है कि क्या हम जिस तरह से बाहर हमारे संदेह और अटकलें रखने के लिए और अनुमति देने के लिए खुद को बाहर तक पहुँचने और लक्ष्य को हासिल करने के लिए है उन्हें।

बुलंद सपने सपना, और जैसा कि तुम सपना है, तो आप हो जाएंगे। आपकी दृष्टि में आप क्या एक दिन ठहरेंगे का वादा है; अपने आदर्श क्या तुम पर पिछले अनावरण करेगा की भविष्यवाणी है।

सबसे बड़ी उपलब्धि पहली बार में और एक सपना एक समय के लिए किया गया था। ओक बलूत में सोता है; अंडे में पक्षी इंतजार कर रहा है; और आत्मा की सर्वोच्च दृष्टि में एक जागने एंजेल stirs। ड्रीम्स वास्तविकताओं की पौध हैं।

एक बड़े दायरे से उसके बारे में कब्जा लेता है; अशांति कार्रवाई करने के लिए उसे आग्रह, और वह अपने अव्यक्त शक्तियों और संसाधनों के विकास के लिए वे कर रहे हैं, हालांकि छोटे सभी को अपने खाली समय का इस्तेमाल करता है और इसका मतलब है,। बहुत जल्द ही इतनी बदल उनके मन हो गया है कि कार्यशाला अब उसे पकड़ कर सकते हैं। यह तो उसकी मानसिकता के साथ सद्भाव है कि यह उनके जीवन से बाहर हो जाता के रूप में एक कपड़ा के अवसरों, जो अपने विस्तार हो शक्तियों के दायरे से फिट के विकास के साथ टालना है, और, से बाहर हो गया है, वह हमेशा के लिए इसे से बाहर गुजरता है। साल बाद हम एक पूर्ण विकसित आदमी के रूप में इस युवा देखते हैं। हम उसे मन है, जो वह दुनिया भर में प्रभाव और लगभग अप्रतिम शक्ति के साथ wields के कुछ बलों के एक मास्टर पाते हैं। उसके हाथ में वह विशाल खातों की डोरियों रखती है, और इस समय आप दरवाजा है कि इतने लंबे समय के लिए आप के लिए अपने आदर्शों की बाधा लग रहा है से बाहर चल जाएगा, और एक दर्शकों के सामने अपने आप को मिल जाएगा - अपने कान के पीछे अभी भी कलम, अपनी उंगलियों पर और

फरि वहाँ से बाहर अपनी प्रेरणा की धार डाले स्याही के धब्बे। आप भेड़ चला जा सकता है, और आप शहर ग्राम्य और खुले मुँह करने के लिए भटकना होगा; गुरु के स्टूडयिो में आत्मा की नडिर मार्गदर्शन में भटकना होगा, और एक समय के बाद वह कहेगा, 'मैं तुम्हें सखिाने के लिए ज्यादा कुछ नहीं है।' और अब आप गुरु, जो हाल ही में इतने बड़े बड़े काम करने का सपना था, जबकि भेड़ ड्राइवगि बन गए हैं। तुम्हें देखा था और वमिान अपने आप पर दुनयिा के उत्थान लेने के लिए नीचे रखना होगा। "

अल्हड़, अज्ञानी, और अकर्मण्य, केवल बातें और नहीं खुद चीजें, कस्मित की बात करते हैं, भाग्य की, और मौका का स्पष्ट प्रभाव देखकर। एक आदमी अमीर हो जाना देखकर वे कहते हैं, "कैसे भाग्यशाली वह है!" एक और बौद्धकि बनने अवलोकन, वे चल्लिाना, "अत्यधकि इष्ट कैसे वह है!" और पुण्य चरति्र और एक अन्य के व्यापक प्रभाव है, वे टप्पिणी, टप्पिण "कैसे मौका एड्स उसे हर मोड़ पर!" वे परीक्षणों और वफिलताओं और संघर्षों जो इन लोगों को स्वेच्छा से अपने अनुभव हासलि करने के लिए मलि हैं देख नहीं है; कि वे जाहरि तौर पर दुर्गम

से उबरने सकता है, और उनके हृदय की दृष्टि का
एहसास, बलिदान वे बना दिया है, निडर प्रयासों के वे
विश्वास है कि वे प्रयोग किया है की आगे डाल दिया
है, का ज्ञान नहीं है। वे अंधेरे और heartaches पता
नहीं है; वे केवल प्रकाश और खुशी देखते हैं, और यह
'लक' कहते हैं। वे लंबे और कठिन यात्रा नहीं दिख रहा
है, लेकिन केवल सुखद लक्ष्य निहारना, और यह
"अच्छी किस्मत," कॉल प्रक्रिया समझ में नहीं आता
है, लेकिन केवल परिणाम मानता है, और यह मौका
कहते हैं।

सभी मानवीय मामलों में प्रयास कर रहे हैं, और वहाँ
परिणाम हैं, और प्रयास की ताकत परिणाम का उपाय
है। मौका नहीं है। उपहार, शक्तियों, सामग्री,
बौद्धिक और आध्यात्मिक संपत्ति के प्रयास का फल
हैं; वे पूरा विचारों, वस्तुओं पूरा एहसास दर्शन कर
रहे हैं।

सपना है कि आप अपने मन में महिमा, आदर्श है कि
आप अपने दिल में सिंहासनारूढ़ - यह आप के द्वारा
अपने जीवन का निर्माण होगा, यह तुम हो जाएगा।

अभ्यास परपूिर्ण बनाता है। प्रेरति करने के लिए रखने और प्रेरति, अन्य आधकिारकि लोगों को इस वषिय पर क्या कहते हैं, यहाँ सूचीबद्ध हैं उल्लेख करने के लिए:

मन के ज्ञान के सुंदर आभूषणों में से एक है। यह आत्म-नयिंत्रण में लंबी और रोगी प्रयास का परणािम है। इसकी उपस्थतिि पके अनुभव का एक संकेत है, और कानून और सोचा के संचालन के सामान्य ज्ञान की तुलना में अधकि है।

आप हद तक शांत है कि आप अपने आप को समझने के लिए एक वचिारशील के रूप में कयिा जा रहा वकिसति कयिा है, इस तरह के ज्ञान के लिए सोचा के परणािम के रूप में दूसरों की समझ जरूरी हो जाते हैं, और आप सही समझ वकिसति करने, और अधकि के रूप में और चीजों के अधकि स्पष्ट रूप से आंतरकि संबंधों को देखने के कारण और प्रभाव की कार्रवाई आप उपद्रव करने और धूआं और चतिा और शोक बंद करो,

और, तैयार रहता दृढ़, शांत। यही कारण है क शिरीर, मन के बीच पूर्ण सामंजस्य का राज्य है और भावना शांत पिर ध्यान केंद्रति रखने के लिए और आप अधकि से अधकि सद्भाव की है क आदर्श स्थतिि में राज्य होगा
शांत आदमी, कैसे खुद को नयिंत्रति करने के लिए सीखा है, कैसे दूसरों के लिए खुद को अनुकूल करने के लिए जानता है; और वे, बारी में, अपने आध्यात्मकि शक्त शि्रद्धा, और लगता है क वि उसके बारे में जानने के लिए और उस पर भरोसा कर सकते हैं। अधकि शांत एक आदमी बन जाता है, अधकि से अधकि उनकी सफलता, अपने प्रभाव, अच्छे के लिए अपनी शक्ता है। यहाँ तक क साधारण व्यापारी लोगों को हमेशा एक आदमी जसिका आचरण जोरदार हमवार है के साथ सौदा करने के लिए पसंद करेंगे के लिए, के रूप में वह एक बड़ा आत्म नयिंत्रण और धैर्य वकिसति करता है अपने व्यापार समृद्ध बिढ़ाने मलिगा।
मजबूत, शांत आदमी हमेशा प्यार और सम्मान दयिा जाता है। उन्होंने कहा क एक प्यासा देश में छाया देने के पेड़, या एक तूफान में एक पनाह चट्टान की तरह है। "कौन एक शांत दलि से प्यार नहीं करता, एक मधुर

स्वभाव, संतुलति जीवन? इससे कोई फर्क नहीं पड़ता कि यिह बारशि या चमकता है, या क्या परविर्तन, इन आशीर्वाद रखने उन लोगों के लिए आते हैं वे हमेशा से रहे हैं, तो मीठा शांत, और शांत। यही कारण है कि उत्तम । चरत्रि है, जो हम कहते हैं शांत कि की संस्कृति के अंतमि सबक है, आत्मा का फल है यह ज्ञान के रूप में कीमती है, और अधकि की शष्टिता सोने से भी वांछति होने के लिए -। हाँ, यहाँ तक कि ठीक सोने से कैसे तुच्छ मात्र पैसे की तुलना में लग रहा है की मांग एक जीवन है कि सित्य के सागर में बसता है, लहरों के नीचे, tempests की पहुंच से परे, अनन्त शांत में - एक शांत जीवन के साथ!

"कतिने लोगों को हम जानते हैं, जो उनके जीवन, जो बर्बाद खट्टा सब है कि मठिाई और वस्फिोटक tempers, जो चरत्रि की अपनी शष्टिता को नष्ट, और मनमुटाव बनाने के द्वारा सुंदर है! यह एक सवाल है कि क्या लोगों के महान बहुमत उनके जीवन को बर्बाद नहीं करना है और मार्च आत्म नयिंत्रण की कमी से उनकी खुशी। कैसे कुछ लोगों को हम जीवन में मलिते हैं, जो अच्छी तरह से संतुलति कर रहे हैं, है जो उत्तम शष्टिता जो समाप्त चरत्रि की वशिषता है

कि!

सकारात्मक सोच और आशावाद की शक्ति का बेहतर और पूरी जीने के लिए नींव हैं।

आप अपने जीवन में परिवर्तन करना चाहते हैं, तो आप कारणों को ध्यान देना चाहिए, और कारणों लगभग हमेशा जिस तरह से आप अपने दिमाग का उपयोग कर रहे हैं - जिस तरह से आप सोच रहे हैं। आप एक ही समय में सोच भी नहीं सकते दोनों नकारात्मक और सकारात्मक विचार। एक या एक से दूसरे पर हावी होगा। मन की आदत का एक प्राणी है, तो यह सुनिश्चित करें कि सकारात्मक भावनाओं और विचारों को अपने मन में हावी प्रभाव का गठन करने के लिए प्रत्येक व्यक्ति की जिम्मेदारी बन जाती है।

आदेश में बाह्य परिस्थितियों को बदलने के लिए, आप पहली बार आंतरिक परिवर्तन करना होगा। अधिकांश लोगों को इस कदम न आना। वे उन शर्तों पर सीधे काम करके बाह्य परिस्थितियों को बदलने की कोशिश। यह हमेशा व्यर्थ, या कम से सबसे अच्छा अस्थायी साबित होता है, जब तक कि यह विचारों और विश्वासों का एक परिवर्तन के साथ है।

इस सच्चाई को जागरण, एक बेहतर, अधिक सफल
जीवन के लिए रास्ता क्रिस्टल स्पष्ट हो जाता है।
सफलता, सुख, स्वास्थ्य, समृद्धि के विचारों को
सोचने के लिए अपने चेतन मन ट्रेन, और भय और
चिंता के रूप में नकारात्मकता इस तरह के बाहर साफ़
करने के लिए। अपने चेतन मन सर्वोत्तम की उम्मीद
के साथ व्यस्त रखें, और यकीन है कि विचार आप
आदतन लगता है कि क्या आप अपने जीवन में क्या
देखना चाहते हैं पर आधारित कर रहे हैं।

जल आकार जो कुछ के कंटेनर यह मानती है, चाहे वह
एक गिलास, एक फूलदान या एक नदी किनारे में हो
लेता है। इसी तरह, अपने मन बना सकते हैं और
छवियों को आप आदतन अपने दैनिक सोच में के बारे में
सोचने के अनुसार प्रकट होगा। यह कैसे अपने भाग्य
को बनाया है। एक नया जीवन नए विचारों द्वारा
बनाई गई है।

हम बहुत प्रेम, ज्ञान और समझ है कि हम आप के
साथ, प्राप्त किया है साझा करने के लिए यहाँ
atunlimited अवसर के लिए आभारी होना है। एक

साथ हम पूरी दुनयिा पर एक सकारात्मक प्रभाव बना सकते हैं।

जब हम अपने आप को पता है, हम जानते हैं कि अस्तत्वि में सब कुछ प्यार ऊर्जा के माध्यम से समझदारी से व्यक्त करते है। हम जानते हैं कि कर रहे हैं और तो हर कोई और सब कुछ है। अलगाव ही रूप में है। हम अलग अलग रूपों में प्रकट ऊर्जा देखें। इन रूपों सोचा द्वारा बनाई गई हैं। हम मानते हैं कि हम अलग कर रहे हैं क्योंकि हम अपने पूर्णता की जानकारी नहीं है।

इस जागरूकता और अनुभव के सभी हमारे दमिाग सही क्षमताओं के वकिास के माध्यम से हमारे पास उपलब्ध है। जब हम तनाव जारी है और मजबूत बनाने के लिए या हमारे नर्वस ससि्टम को परषि्कृत करने के लिए एक प्रक्रयिा के साथ काम करने के लिए शुरू, हमें पता चलता है कि हम कौन हैं एक गहरे स्तर पर है और जल्द ही पूर्णता है कि हम सब और अस्तत्वि में सब कुछ शामलि है में पता करने के लिए शुरू करने के लिए शुरू। जब ऐसा होता है कि हम समझते हैं कि जीवन के सभी पहलुओं को प्रकृति के नयिमों या

जीवन के सद्धिांतों द्वारा नयिंत्रति कर रहे हैं शुरू करते हैं, और हम इन सद्धिांतों हैं देखने के लिए शुरू, और वे कैसे काम करते हैं। इस बदिु पर हम कामकाज का एक और अधकि उन्नत स्तर में ले जाते हैं, और पता चलता है कि हिम अपने भीतर की शक्ति को सही बनाने के लिए जो कुछ भी हम का चयन कयिा है।

एक दैनकि, लगातार अभ्यास के रूप में खुद को सशक्त बनाने के लिए इन वशिष्टि तरीके अपनाने। हम सभी के लिए वहाँ हमेशा वकिास और पूर्ति के लिए एक उच्च वमिान है। वहाँ हमेशा आत्मज्ञान की दशिा में आगे सुधार करने के लिए एक और पायदान है। अधकि वमिानों के लिए अपने दमिाग को सक्रयि करने के लिए इन सरल तकनीक का उपयोग करें:

ए। ट्रस्ट यूनविर्स: याद दलिाते हैं और खुद के उच्चतम ऊर्जा और ब्रह्मांड के अधकि से अधकि अच्छे स्वीकार करने के लिए प्रतबिद्ध है।

b.Release नकारात्मकता: internalize और दनि के

दौरान नियमित अंतराल पर इस बयान दोहराने: "। मैं
उन्हें प्यार से लपेटकर और उन्हें दे शून्य में दूर, बहुत,
बहुत दूर नाव से मेरी चेतना में सभी नकारात्मक
पैटर्न को रिहा करने के लिए तैयार हूँ"

ख माफ कर दो: माफी की प्रक्रिया अतीत को भूल
वर्तमान में स्थानांतरित करने की तुलना में अधिक है,
इसके बारे में :: "मैं खुद को और सभी दूसरों को माफ
नियमित पुनरावृत्ति के माध्यम से अपने भीतर से बढ़
शांति के निर्माण के लिए है, सब लोग भी सभी
आयामों में सब कुछ के लिए मुझे माफ कर समय और
स्थान की। मैं जारी रहा, पूरी तरह से मुक्त है और
शांति में।

सी। दृश्यावलोकन

घ। affirmations

तो, क्या आप अपने सभी मौजूदा 3 डी संदर्भ में
फंस गया है रहता परिणामों (कारण और प्रभाव के
रिश्ते) में आप कल्पना कर रहे हैं कि अपने सतत पकड़
"

वहाँ आपरेशन। ये महज भ्रम हैं।

जब कुछ अपने 3 डी दुनिया में प्रकट होता है, यह आता है क्योंकि आप * यह * के लिए बुलाया आपके दिल और दिमाग के साथ। टी अपने कॉल एक जागरूक एक था, या यह कुछ है कि के रूप में भुलक्कड़पन के अपने घूंघट के नीचे से जारी था कि क्या थोड़ा फर्क पड़ता है। यह आप से आया है, और आप स्वयं करने के लिए है कि इससे पहले कि आप अपने प्रभाव से मुक्त तोड़ सकते हैं की जरूरत है। नली, जिन्होंने इस अवधारणा के साथ परेशानी है वापस सर्कल के लिए आवश्यकता हो सकती है

एक व्यक्ति nothing.rather से बाहर उसके या उसकी दुनिया को प्रकट नहीं होता है, आप में से प्रत्येक सब कुछ है, जो सब के आसपास मौजूद से अपने व्यक्तिगत वास्तविकता रूपों। क्रम में कुछ शारीरिक बनाने के लिए, आप बस इस पर ध्यान देते हैं ..... (जो कंपन यह जमना के लिए पर्याप्त के लिए नीचे धीमा कर देती है), और फिर आप सब कुछ के बारे में जागरूकता outhe कि वहाँ ब्लॉक करने के लिए इसके चारों ओर

अवधारणात्मक पर्दा स्थापति करें। यह एक घोड़े पर blinders डालने की अपनी खुद की अवधारणात्मक बराबर है।

आप ध्यान केंद्रति करने की अपनी प्रक्रयिा शुरू हो, आप स्पष्ट रूप से पता होना चाहएि कि कैसे अपने मन की रचनात्मक तत्व works.T वह स्पष्टीकरण हम आप के लएि अब करने जा रहे हैं, एक रेखीय एक है क्योंकि आप वर्तमान में एक रेखीय वास्तवकिता आधार के भीतर काम कर रहे हैं। कृपया पता है कि आप सत्ता आदेश या कसिी भी समय इस प्रक्रयिा के नयिमों को बदलना होगा।

आपका सकारात्मक बयान है, खासकर जब सच की इच्छा और जुनून के साथ, एक बोतल से Genies की तरह, तुम सब कुछ आप हमेशा के लएि इच्छा सकता है प्रदान कर रहे हैं। जैसा कि एक आध्यात्मकि गुरु एक बार यह phrased: "ब्रह्मांड क्या असली है के बारे में अपने वशि्वासों के अनुसार खुद को पुनर्व्यवस्थति।" यह क्या है, * की घोषणाओं के माध्यम से नहीं * की

अपनी खुद की घोषणाओं के माध्यम से इस करता है * क्या नहीं है।

तुम्हें पता होना चाहिए कि भौतिक वास्तविकता ध्यान केंद्रित करने से बनाई गई है। च आप लगातार पर ध्यान केंद्रित कर रहे हैं क्या

यहाँ एक कदम वार अभ्यास जो सबसे प्रभावी है, जब दो बार कम से कम तीस दिनों के लिए एक दिन अभ्यास किया जाएगा। ZTry लगातार 30 दिनों में यह करने के लिए है, लेकिन अगर आप एक के बीच में या दो दिन की याद आती है, जैसे ही आप कर सकते हैं के रूप में गिनती के साथ पकड़ा

एक शांत जगह सभी गतिविधियों से दूर हो रही में अपने आप को बसने और, अंदर और बाहर धीमी और गहरी सांस लेने की कल्पना की है, शुद्ध दिव्य ऊर्जा के क्षेत्र में ले रही है और अपने शरीर से सभी नकारात्मक पैटर्न, तनाव और तनाव exhaling द्वारा शुरू करते हैं।

सभी विचारों, भावनाओं के चलते हैं ... और बस अपने आप को आराम करने के लिए अनुमति देते हैं।
आप गहराई से साँस लेने के लिए जारी है, धीरे धीरे अपने दिल को अपना ध्यान प्रत्यक्ष,
, थामने थामने के लिए और अपने आराम से राज्य में बहती रहते हैं।

दूसरा कदम: जाहिर है एक या दो वाक्य में अपनी इच्छा से राज्य, कैसे महत्वाकांक्षी या अपनी इच्छा विदिशी की परवाह किए बिना उस समय लग सकता है

अब कल्पना भगवान सिर्फ आप और आप के अनुदान तीन इच्छाओं से ऊपर दिखाई दिया है। जो तुम चाहो! अपनी तीन इच्छाओं क्या कर रहे हैं? (अपने दिल के पास जाओ और अपने दिल की अपनी गहरी इच्छा का चयन करते हैं)
आप केवल एक ही इच्छा है सकता है, जो इच्छा आपको चुनना होगा? याद रखें कि आप केवल एक का चयन करना होगा!

सुझाव: कुछ तुम चाहते हो, कुछ नहीं अपने चाहते से छुटकारा पाने के लिए चयन करें।
उदाहरण के लिए: स्वस्थ होने के लिए और तरीकों में से एक ने मुझे स्वस्थ होने के लिए अपना वजन कम करने के लिए है, तो मेरे पछिले अभाव है
मेरी पसंद इस तरह पढ़ा होगा: मैं स्वस्थ और शारीरकि रूप से फटि होने के लिए चुनें। बजाय मैं अपना वजन कम करना चाहते हैं।

जाहरि है अपनी गहरी इच्छा बताने। यह इसे नीचे लखिने के लिए जहां आप इसे देख सकते हैं दैनकि उपयोगी है।

तीन कदम: सफलता कल्पना एडवांस में

चति्र आप क्या इच्छा के रूप में अगर यह पहले से ही हुआ है,
के रूप में अगर यह पहले से ही अपने जीवन में आप के लिए प्रकट कयिा है।
अपनी तस्वीर संभव ... रंगीन, जीवन के रूप में के रूप में ज्वलंत, जैसे वास्तवकि होने की अनुमत दिें

चार चरण: लग रहा है गले लगाओ

क्या भावना अपनी इच्छा होने देंगे आप दे सकते हैं? लग रहा है आप महसूस रूप में अब आप अपनी इच्छा होने की कल्पना।
सुझाव: की मैंने अपने जीवन में अधिक पैसे की इच्छा के उदाहरण का उपयोग करें। अपने आप से पूछो क्या लग रहा है आप के रूप में आप की क्या ज़रूरत है

सब पैसे आप की इच्छा होने की कल्पना? शायद आपको अमीर, अमीर, सुरक्षित, सफल, सुकून मिलता है। परे
इन भावनाओं, आप क्या महसूस करते हैं? अधिकांश लोगों को स्वतंत्रता शांति की एक गहरी भावना की रिपोर्ट। गहरी भावना है
क्या आप महसूस करना चाहते हैं। यह अपने मूल मूल्य के रूप में जाना जाता है।

पांच चरण: एक छवि बनाएं

एक छवि आप आने के लिए अपने मूल भावना का प्रतिनिधित्व करता है कि अनुमति दें।
छवि एक जगह, एक व्यक्ति, एक वस्तु, एक रंग, एक आकार हो सकता है

सुझाव: अपने मूल भावना स्वतंत्रता, एक छवि है कि एक पक्षी होगा काम कर सकते है,
सागर, पैरासेलिंग, अंतरिक्ष पर नौकायन। अपने मूल भावना शांति है, तो एक छवि हो सकती है
, सूर्यास्त, एक कबूतर हो प्रकृति में घूमना, रंग गुलाबी, मदर टेरेसा, एक गुलाब।

छह चरण: चलो यह जाओ!

अपने मन अपने उच्च स्व के इरादे को रिलीज करते हैं।

सुझाव: यह महज अपने आप से कह "अब मैं रिहाई के द्वारा किया जा सकता है मेरी
ज्ञान और अपने उच्च स्व की शक्ति की इच्छा है। "और शिफ्ट करने के लिए अपने मन की अनुमति देते हैं

अपने मूल भावना है। आप अपने मूल भावना को ऊर्जावान रूप में, आप अपनी इच्छाओं को प्रकट होगा
दस गुना।

सात चरण: विश्वास रखो

विश्वास है कि आप सभी कि किया जाना चाहिए किया किया है।
अपने उच्च स्व, आपके अवचेतन मन बाकी संभाल लेंगे।

मेरा सुझाव है कि आप हर दिन इन चरणों का उपयोग करें। सुबह में कुछ मिनट ले रहा है जब आप पहली बार जागो एक उत्कृष्ट समय इन सात चरणों के माध्यम से खुद ले रहा है।

एक बार जब आप बन जाते हैं
इन चरणों के साथ परिचित है, तो आप जल्दी से उन्हें ऐसा करने में सक्षम हो जाएगा, उन्हें नीचे लिखने के लिए जरूरत के बिना।

के रूप में अच्छी तरह से अपने दनि के दौरान इन चरणों का उपयोग करने के लिए स्वतंत्र महसूस हो रहा है। यह एक शानदार तरीका है अपने आप पर ध्यान केंद्रति रखने के लिए है

आपके लिए सबसे ज्यादा महत्वपूर्ण क्या है।

अध्याय नौ

ये कई, स्वतंत्र संसाधनों जो आप की ओर अपने चल रहे चरणों में उपयोगी पा सकते हैं
आत्म सुधार..

अस्वीकरण: आप इन के बारे में अधकि जानने के लिए और पर भरोसा करते हैं और अपने व्यक्तगित स्थति के आधार पर अपने स्वयं के ववकि और अपने जोखमि पर उन का उपयोग करने के लिए अपने स्वयं के अनुसंधान करना होगा

https://www.dmoz.org/Health/Mental_Health/Self-Help/

https://www.dmoz.org/Society/Religion_and_Spirituality/New_Age/Magazines_and_E-zines/

सकारात्मक सोच, आशावाद की शक्ति   Gautam
Sharma

सकारात्मक सोच, आशावाद की शक्ति   Gautam

Sharma

www.ingramcontent.com/pod-product-compliance
Lightning Source LLC
Chambersburg PA
CBHW070112290526
45789CB00005B/2008
9781539115779